ÉLOGE DE LA LUCIDITÉ

DU MÊME AUTEUR

Se changer, changer le monde, avec Christophe André,
Jon Kabat-Zinn, Caroline Lesire, Matthieu Ricard,
Pierre Rabhi, L'Iconoclaste, 2013
Petit cahier d'exercices de pleine conscience,
Jouvence, 2012
Petit cahier d'exercices d'intelligence émotionnelle,
Jouvence, 2012
*Intelligence émotionnelle et management :
comprendre et utiliser la force de nos émotions*,
avec Peter Salovey, De Boeck, 2012
*Pleine conscience et acceptation :
les thérapies de la troisième vague*,
avec Kelly Wilson, Alexandre Heeren
et Christophe André, De Boeck, 2011
Psychologie positive : le bonheur dans tous ses états,
sous la direction de Ilios Kotsou et Caroline Lesire,
avec Christophe André Isabelle Filliozat,
Eric Lambin, Jacques Lecomte, Matthicu Ricard,
Thomas d'Ansembourg, Jouvence, 2011
L'Intelligence émotionnelle,
Bernet Danilo, 2007

ILIOS KOTSOU

ÉLOGE DE LA LUCIDITÉ

Se libérer des illusions qui empêchent d'être heureux

Préface de Christophe André

Postface de Matthieu Ricard

ROBERT LAFFONT

ISBN : 978-2-221-13707-9

À Caroline, mon amoureuse, ma source d'inspiration.
Ta présence illumine chacun de mes pas
sur le chemin de la vie.

À Hadrien et Aurélien,
les garçons pleins de vie de mon amie
Patricia Garcia-Prieto.
Par son amitié profonde, sa gentillesse
et sa disponibilité, votre maman a été pour moi
l'incarnation d'une lucidité joyeuse
jusqu'à ses derniers instants.

Préface

Il y a ceux que le bonheur agace, au prétexte que le discours à son propos est niaiseux et qu'on en parle trop : il y a tout de même des sujets plus importants à aborder ! Il y en a d'autres qu'il inquiète, et qui parlent à son propos de dictature : pour eux, nous serions passé du droit d'être heureux à l'obligation de l'être, sous peine d'être mis à l'écart si l'on n'est pas assez positif ou souriant. Et puis, il y a tous les autres, qu'il angoisse : « Vais-je arriver à être heureux ? Et si j'y arrive, vais-je alors le rester longtemps ? »

Bref, le bonheur est une belle idée, mais qui semble poser beaucoup de problèmes aux humains et ne plus guère les rendre heureux, donnant ainsi raison à Flaubert, auteur anti-bonheur notoire, dans une lettre de 1845 adressée à son ami Alfred Le Poittevin : « As-tu réfléchi quelquefois combien cet horrible mot "bonheur" avait fait couler de larmes ? Sans ce mot-là, on dormirait plus tranquille et on vivrait plus à l'aise. »

Comment en sommes-nous arrivés là ?

Tout avait pourtant bien commencé avec le bonheur : dans la Grèce antique, les premiers philosophes considéraient sa quête comme légitime et utile au bien de la cité. Pour Aristote, le bonheur était décrit comme le bien suprême. Pour y arriver, les enseignements et la pratique personnelle de la sagesse (eudémonisme, épicurisme) étaient recommandés. Seul problème : le bonheur se trouvait de fait réservé à ceux qui pouvaient recevoir les enseignements adéquats, c'est-à-dire les citoyens grecs libres et de sexe mâle ; le reste de l'humanité (les femmes, les enfants, les esclaves et les non-Grecs) devait se contenter de plaisirs de qualité inférieure.

Puis le christianisme arriva, qui encouragea les humains (tous les humains, même les opprimés – surtout les opprimés) à espérer le bonheur non pas durant leur existence terrestre, mais pour la vie éternelle, qui leur était promise dans l'Au-delà. Nous n'avions plus à rechercher ici-bas un bonheur de toute façon imparfait et fugace, mais à espérer un bonheur parfait et éternel : celui qui nous serait offert par Dieu au paradis, si toutefois nous l'avions mérité. La foi devint donc un moyen d'accès au bonheur plus sûr que la sagesse. Et la quête du salut remplaça donc, en Occident tout au moins, celle du bonheur.

Au sortir de la Renaissance, lors du siècle des Lumières, survint une véritable révolution du bonheur : ce dernier fut ainsi considéré comme un droit humain inaliénable dans la déclaration d'indépendance des États-Unis d'Amérique (à côté du droit à la vie et à la liberté figurait le « droit à la recherche du bonheur ») et comme une « idée neuve » à propager dans toute l'Europe, selon l'expression de Saint-Just lors de la Révolution française : ces belles convictions permirent au bonheur de se démocratiser, et de devenir pour chacun une aspiration légitime, alors qu'il n'était réservé jusqu'ici qu'aux élites.

Tout aurait donc dû bien se passer à partir de là, sauf que les sociétés capitalistes naissantes commencèrent à comprendre que cette aspiration éternelle et profonde à la vie heureuse, présente au cœur de chaque humain, pouvait servir à vendre beaucoup de choses, et donc à gagner beaucoup d'argent. Le bonheur devint au XXe siècle un support incitant à la consommation (acheter des voitures, des vêtements, des objets, des voyages, etc. pour rendre nos proches et nous-même plus heureux) et donc un vecteur d'illusions dangereuses et erronées. Les humains commencèrent à croire que le bonheur était un objet de consommation presque comme les autres, ou du moins un sous-produit de la consommation : acheter rendrait heureux. Les jingles publicitaires sympathiques mais mensongers : « Il n'y a pas de mal à se faire du bien », « Le bonheur, si je veux », « Le bonheur assuré », « Que du bonheur ! » et autres fadaises publicitaires commencèrent à imprégner nos esprits et à nous sembler des évidences incontestables.

Le bonheur, cette belle idée et ce besoin fondamental, est donc aujourd'hui en danger, victime de son succès et de sa popularité, étouffé sous un poids croissant d'illusions mensongères et convaincantes qu'il importe de dénoncer.

Non, il n'est pas toujours possible d'être heureux ! Non, on ne peut pas tout positiver. Oui, la vie est effectivement une longue suite de problèmes ! Et le bonheur n'est pas là pour les empêcher de survenir, ou nous aider à les ignorer lorsqu'ils surviennent ! Le bonheur est là pour nous aider à leur faire face et à leur survivre.

Lorsque Paul Claudel écrit : « Le bonheur n'est pas le but mais le moyen de la vie », il nous rappelle clairement que la fonction première du bonheur est de rendre la vie vivable. Sans lui, toutes les adversités que nous traversons, ou voyons les autres traverser, nous anéantiraient peu à peu. C'est ce qui arrive aux personnes déprimées : privées de la capacité à ressentir du plaisir et du bonheur (ce symptôme classique se nomme « anhédonie »), elles ne voient plus l'existence que comme une suite de souffrances. Ce qu'elle est, effectivement : les déprimés ne délirent pas, ils sont juste réalistes, mais d'un réalisme qui ne verrait que la face sombre de la vie. Fort heureusement, la vie n'est heureusement pas *que* cela – une suite de souffrances : elle est aussi, avant, après, au milieu des malheurs, une succession de joies, d'émerveillements, d'attendrissement et de mille autres émotions positives.

C'est sans doute pour cela qu'Albert Camus, qui chérissait l'idée de bonheur, et la défendait contre les snobs et les grincheux, notait cependant dans son troublant récit *L'Envers et l'Endroit* : « Ce n'est plus d'être heureux que je souhaite maintenant, mais d'être conscient. » Être conscient que la vie nous fera traverser bonheurs et malheurs, et que le rôle du bonheur n'est pas celui d'un anesthésiant ou d'un somnifère, mais d'une source illimitée et toujours renouvelée d'élan vital et d'énergie intérieure : une nourriture de notre esprit et de notre cœur qui offre notre regard à une vision réaliste *et* heureuse de l'existence. La seule qui soit compatible avec l'épreuve du réel.

Nous voilà bien loin des slogans de la famille « que du bonheur ! » Et il y a donc un sacré travail à faire pour nous débarrasser de toutes les illusions toxiques : nous avons évoqué les fausses promesses du bonheur permanent et facile, mais nous aurions aussi pu parler des illusions cyniques, du bonheur impossible et interdit aux humains.

Voilà tout ce à quoi s'attaque ce livre intelligent et vigoureux : à un travail de joyeux et salutaire « désillusionnage », à un nettoyage en profondeur de l'idée de bonheur. En nous montrant comment cultiver lucidité et liberté, il nous aide à écarter les illusions, qui nous orientent vers de faux bonheurs, ou des bonheurs inquiets et irréalistes. Il fait place nette pour de vrais bonheurs. Pas parfaits mais lucides. Il nous montre comment ne pas rêver ou attendre le bonheur, mais comment plutôt l'aimer et le faciliter.

Sa démonstration est convaincante, car elle repose sur une alliance tranquille de science et de bon sens. Côté science, l'auteur maîtrise parfaitement les données issues de la psychologie positive, ce vigoureux courant de recherches qui se donne pour objet d'accroître notre bien-être, pas seulement avec de belles idées, mais en les testant et en les mettant à l'épreuve. Et côté bon sens, même maîtrise. Mais là, il n'y a pas de preuves, et vous devez me croire. Car je connais bien Ilios Kotsou. Et je me souviens même très précisément de notre première rencontre, il y a maintenant quelques années : il était venu me rendre visite à l'hôpital Sainte-Anne pour m'inviter à un colloque scientifique. J'étais très réticent à accepter, à cause de mon emploi du temps trop chargé, et je ne me montrai pas très chaleureux, pour tenter de le dissuader. Mais je compris rapidement que ce serait compliqué : avec la plus grande chaleur et la plus grande gentillesse, mais sans jamais être ni pesant ni insistant, il m'énonça toutes les raisons qui faisaient de son projet un projet différent des autres. Puis il prit congé avec un grand sourire, en m'offrant une petite plaquette de délicieux chocolat belge. Sous le charme de cette étonnante – et efficace – leçon de psychologie positive, je finis par accepter son invitation, et je me rends désormais chaque année à son colloque, avec le plus grand plaisir. Science et bon sens, donc, tout au long de cet ouvrage, pour nous rappeler que le bonheur est un sujet trop important pour que nous ne prenions pas le temps de réfléchir à son propos, pour que nous nous laissions embrouiller par de fausses suggestions de faux bonheurs venus d'un monde marchand et frelaté.

Cette démarche d'une recherche de lucidité et de vérité, d'acceptation de la complexité et de l'adversité, qui ne nous fasse pas renoncer au bonheur, me rappelle celle du poète Christian Bobin. C'est un poète, non un chercheur, mais comme souvent le font les créateurs, il a compris avec grâce, par son intuition, ce que nous démontrons avec lourdeur, par nos démonstrations scientifiques. Voyez par exemple cette scène extraordinaire qu'il raconte, dans sa chronique «Le prophète au souffle d'or», alors qu'il se trouve dans sa cuisine : «J'épluchais une pomme rouge du jardin quand j'ai soudain compris que la vie ne m'offrirait jamais qu'une suite de problèmes merveilleusement insolubles. Avec cette pensée, est entré dans mon cœur l'océan d'une paix profonde.»

En quelques mots surpuissants, Bobin nous instruit de ce que peut être le seul et vrai regard possible sur le bonheur : celui qui intègre la vérité de la vie et de l'adversité. Et qui non seulement l'intègre, mais l'accepte et y consent, sincèrement. Alors, le bonheur, et l'océan de sa paix profonde, pourra nous être accessible, au moins par moments, par bouffées, régulièrement dans notre vie.

Comme l'histoire et l'épiphanie racontées par Bobin, le livre d'Ilios Kotsou repose donc sur ce qui ressemble à un paradoxe : pour accéder au bonheur, il faut accepter adversité, souffrance, imperfection; bref, accepter, tout entière, la réalité du monde. Accepter ce qui ressemble à l'exact opposé du bonheur, parce que la vie est comme ça, simplement : une succession de problèmes, dont une grande part est insoluble, mais qui n'empêchent pas d'être heureux d'exister.

Et c'est pourquoi cet ouvrage, qui nous parle de désillusion et d'acceptation, n'est pas un livre triste, mais au contraire, un ouvrage gai, plein de fraîcheur et rempli d'une énergie contagieuse. Qui va vous mettre le cœur en joie et l'esprit en mouvement.

Christophe André[1]

1. Christophe André est médecin psychiatre à l'hôpital Sainte-Anne, à Paris. (Dernier ouvrage paru : *Sérénité, 25 histoires d'équilibre intérieur*, Paris, Odile Jacob, 2012.)

Introduction

> *Depuis que l'homme sait qu'il est mortel, il a du mal à être tout à fait décontracté.*
>
> Woody Allen

Étrange ouvrage que celui que vous tenez entre les mains : j'y questionne les écrits sur le bonheur tout en ajoutant ma contribution sur ce thème. Moi qui suis de temps en temps présenté dans les médias comme chercheur en bonheur, me voici qui remets en cause la poursuite effrénée du bonheur. Je m'interroge sur l'utilité des livres de développement personnel et autres livres de « recettes psychologiques », mais cet ouvrage appartient en quelque sorte aussi à cette catégorie.

En quoi ce livre est-il donc différent ? Plutôt que de vous vendre des solutions toutes faites, j'aimerais attirer votre attention sur certains pièges qui nous éloignent d'une vie pleine de sens et vous proposer des alternatives. Il est donc à parcourir plutôt comme un atlas que comme un livre de recettes, il ne remplace pas le fait de voyager : à chacune et à chacun de vérifier si cela lui parle. J'ai également souhaité étayer mon propos par des études scientifiques rigoureuses[2].

Tenter de définir le bonheur pourrait remplir un ouvrage entier, c'est pourquoi je me contenterai de vous en proposer deux définitions auxquelles on se réfère dans la recherche scientifique. La conception « hédonique » du bonheur (du grec *hêdonê*, « plaisir ») le définit en termes de plaisir ou d'émotions positives et d'absence de douleur ou d'émotions négatives. La conception « eudémonique » du bonheur (du grec *eudaimôn*, « bon esprit ») fait davantage référence au sentiment que notre vie, dans son ensemble, vaut la peine d'être vécue[3] et, cela, indépendamment du plaisir. Selon cette conception, il est possible de ressentir que notre vie a du sens même en éprouvant de l'inconfort. J'y reviendrai plus tard.

Cette question du bonheur n'est pas nouvelle : elle a traversé les siècles et se trouve depuis toujours au cœur du travail des poètes et des philosophes. Dans la Grèce antique déjà, Aristote affirmait par exemple dans *L'Éthique à Nicomaque* que le bonheur est « le bien suprême ». Moins loin de nous, Blaise Pascal, philosophe français du XVIIe siècle avançait que :

« Tous les hommes cherchent à être heureux ; cela est sans exception ; quelques différents moyens qu'ils y emploient, ils tendent tous à ce but. Ce qui fait que les uns vont à la guerre, et que les autres n'y vont pas,

2. Les références complètes des articles scientifiques mentionnés dans le texte ou les notes de bas de page se trouvent dans la bibliographie en fin d'ouvrage p. 247.

3. Ryan & Deci, 2001.

est ce même désir qui est dans tous les deux, accompagné de différentes vues. La volonté ne fait jamais la moindre démarche que vers cet objet. C'est le motif de toutes les actions de tous les hommes, jusqu'à ceux qui vont se pendre[4]. »

Ce que notre époque a de particulier, c'est qu'une grande partie des habitants des pays occidentaux disposent de conditions extérieures susceptibles de les rendre heureux[5] (un toit, de quoi manger et se soigner, de nombreuses libertés dont celles d'expression, d'association), sans l'être forcément.

Les statistiques de l'Organisation mondiale de la santé (OMS) sont éloquentes : selon des projections récentes, les problèmes de santé mentale ne font que s'amplifier et risquent, d'ici à 2020, de devenir la deuxième cause d'invalidité dans le monde après les maladies cardio-vasculaires. L'OMS prévoit même que d'ici à 2030, la dépression soit en tête des causes de morbidité sur la planète[6].

Devant tant de souffrances, il semble logique que les remèdes – stages ou livres – foisonnent... Et de fait, lorsque l'on s'aventure dans les rayons « psychologie » ou « développement personnel » des librairies, il est frappant de voir le nombre d'ouvrages censés nous promettre le bonheur. Un ouvrage comme *Le Pouvoir*

4. *Pensées,* VII : La morale et la doctrine, 425 [377].

5. Ce qui n'est pas le cas de tous malheureusement : dans nos pays, de plus en plus de personnes se retrouvent dans une situation précaire et ne disposent pas de conditions de vie décentes.

6. Rapport A65/10 soumis à la 65e Assemblée mondiale de la Santé sur la charge mondiale des troubles mentaux et la nécessité d'une réponse globale coordonnée du secteur de la santé et des secteurs sociaux au niveau des pays, http://apps.who.int/gb/ebwha/pdf_files/WHA65/A65_10-fr.pdf

de l'intention explique que « quand nous sommes connectés à l'intention, une harmonie règne en nous et autour de nous ; on se sent inspiré et heureux, nos projets se réalisent, les relations deviennent sereines, les événements s'agencent en notre faveur[7] ». Dans *Zéro limite*, on peut lire comment grâce à la méthode exposée « [...] les désirs se réalisent et transforment la vie professionnelle, amoureuse et personnelle. [...] Cette méthode simple et efficace permet de libérer son esprit et d'acquérir richesse, santé, paix et joie[8] ». Enfin, *Le Secret*[9], une des meilleures ventes sur le thème de la pensée positive, explique très sérieusement que « vous pouvez avoir, être ou faire tout ce que vous voulez ».

Selon ces auteurs, la solution semble d'une efficacité redoutable, relevant d'un pouvoir magique propre à résoudre – simplement et rapidement – tous nos problèmes.

Sur quoi reposent ces hypothèses ? Ont-elles été mises à l'épreuve des faits ou scientifiquement testées ? Sont-elles réellement à même d'améliorer notre qualité de vie ? Voilà tout l'enjeu de ce livre.

Dans la première partie, après avoir traité du bonheur idéalisé proposé par notre société, nous analyserons quatre mirages du bonheur vendus comme des évidences. Nous allons les déconstruire ensemble en

---

7. Dr Wayne W. Dyer, *Le Pouvoir de l'intention – Apprendre à co-créer le monde à votre façon*, AdA pour la traduction française, 2004.

8. Joe Vitale et Ihaleakala Hew Len, *Zéro limite : Le programme secret hawaïen pour l'abondance, la santé, la paix et plus encore*, Le Dauphin Blanc pour la traduction française, 2008.

9. Rhonda Byrne, *Le Secret*, Un Monde différent pour la traduction française, 2008.

faisant notamment appel à des recherches récentes en psychologie expérimentale. Nous parlerons de l'intolérance à l'inconfort qui peut mener à une souffrance plus grande, puis de la pensée positive et de ses potentiels effets pervers, des dégâts occasionnés par la course effrénée à l'estime de soi et, enfin, des conséquences du nombrilisme.

La deuxième partie de l'ouvrage déclinera ces mêmes thèmes, mais en proposant des alternatives susceptibles de nous sortir des impasses évoquées précédemment. Nous verrons comment la tolérance envers nos émotions, même les plus douloureuses, nous permet de ne pas aggraver nos souffrances et de vivre plus libres et nous découvrirons comment le détachement est une alternative plus viable que le contrôle de nos pensées tel qu'il est proposé par la pensée positive. Puis nous comprendrons comment la prise de conscience de notre fragilité et la douceur envers soi sont des clés pour s'affranchir du regard des autres. Enfin, nous conclurons avec l'oubli du moi, qui nous permet de nous relier au monde de manière plus large et ouverte, et la lucidité, alliée de choix pour habiter plus joyeusement sa vie.

Ces propositions, loin de fonctionner comme des baguettes magiques, sont à comprendre comme des cheminements à même de nous ouvrir à plus de liberté. Cette liberté ne s'entend pas au sens individualiste d'un repli sur soi, mais, au contraire, nous relie à une vie pleine de sens, en relation avec les autres. Une liberté qui nous offre le choix de nos comportements face aux difficultés de la vie au lieu d'un pilotage automatique. Une liberté qui nous autorise à nous réjouir du présent, de ce que nous avons, quand il nous est difficile de modifier notre vie.

La lucidité à laquelle ce livre vous invite n'est pas toujours agréable : se rendre compte que la réalité est différente de ce que nous désirons est parfois douloureux. Mais cette compréhension est salutaire, elle nous aidera à nous engager avec clairvoyance sur le chemin de vie qui nous convient. Cela nous évitera de nous perdre en cherchant le bonheur où il n'est pas, à l'image de l'ivrogne qui cherche ses clefs sous un réverbère. À un passant bien intentionné qui essaie de l'aider et qui, après un certain temps, lui demande : « Êtes-vous sûr de les avoir perdues ici ? », l'ivrogne répond : « Non, je les ai perdues là-bas », en indiquant un porche sombre. Et d'ajouter : « Mais au moins ici, il y a de la lumière. »

1

Le piège de l'idéalisation

Ainsi nous ne vivons jamais, mais nous espérons de vivre, et, nous disposant toujours à être heureux, il est inévitable que nous ne le soyons jamais.

Blaise Pascal

« Nutella, chaque jour, c'est du bonheur à tartiner », « Castorama, partenaire du bonheur », « MMA, c'est le bonheur assuré », « Babybel, 360° de bonheur », « Renault Scénic : plus de place au bonheur », « Club Med, tous les bonheurs du monde » et bien sûr Coca-Cola et son « Du bonheur pour tous » ! Le bonheur, qui nous est servi à toutes les sauces dans la publicité, les médias et qui est enseigné dans tant de séminaires et de séances de coaching, est-il le nouveau Graal à la recherche duquel tout le monde se presse en vain ? C'est que, de nos jours, on nous vend l'idée qu'une vie heureuse ne comporte ni épreuves ni souffrances. Nous sommes abreuvés des images de ce bonheur idéalisé, de cette existence uniquement constituée de plaisirs. Cette vie-là est devenue un support marketing pour nous vendre toute une gamme de produits et de services. Les marchands de bonheur nous promettent que tel achat, de la poudre à lessiver à la voiture en passant par les voyages ou les stages, nous permettra d'atteindre cet état tant désiré.

Le bonheur serait-il « un état durable de plénitude et de satisfaction, un état agréable et équilibré de l'esprit et du corps, d'où la souffrance, le stress, l'inquiétude et le trouble sont absents[1] » ? Et la vie, un chemin où la maladie et la mort seraient maintenues loin de notre vue ? L'amour ? En couple, nous devrions vivre en harmonie totale, sans conflit, avoir des corps parfaits et, bien entendu, une libido d'enfer ! Parents parfaits, travailleurs motivés, citoyens exemplaires : en bref, le bonheur est en train de devenir, par certains côtés, la nouvelle religion de notre société de consommation.

Ces conceptions valorisent à l'extrême le bonheur sous sa facette hédonique, en mettant l'accent sur l'épanouissement individuel, l'atteinte du plaisir et l'évitement de la douleur[2]. Mais en suivant cette idéologie, ne nous mettons-nous pas en route vers un pays qui n'existe pas ? Au bout du compte, ne risquons-nous pas d'être déçus et insatisfaits en comparant cet imaginaire, « ce qui devrait être » pour que nous soyons heureux, avec « ce qui est », la réalité d'un monde qui apporte aussi – et pour certains d'entre nous de manière plus aiguë – souffrances et difficultés ?

1. fr.wikipedia.org/wiki/Bonheur
2. Ryan & Deci, 2001.

L'obsession du bonheur

Le bonheur est une quête universelle[3]. À titre d'exemple, une enquête sur l'importance du bonheur, menée auprès de personnes issues de 41 pays différents, a montré que sur une échelle de 1 à 7, où 1 signifie « pas du tout important » et 7 « extraordinairement important et précieux », les personnes évaluaient en moyenne le bonheur à 6,39[4]. Sans surprise, les participants des pays occidentaux valorisent le bonheur, mais c'est également le cas au Brésil (6,62) ou en Indonésie (6,63). Cette évaluation est exacerbée dans la culture américaine où les répondants à une autre étude sur le bonheur disaient notamment croire que les personnes heureuses avaient plus de chances d'aller au paradis[5] ! Le bonheur est donc perçu comme un impératif à atteindre : nous devons être heureux et épanouis, et ce dans tous les domaines de notre vie. Ce bonheur devient alors une condition pour avoir l'impression que notre vie a un sens. Le risque, avec cette obsession du bonheur, c'est que nous n'évaluons plus notre existence à l'aune de ce qui nous arrive vraiment, de manière neutre, mais en comparaison de ce que nous devrions ressentir. Mais avec quelles conséquences ?

Pour interroger le lien entre poursuite effrénée du bonheur et bien-être, la professeure Iris Mauss et ses

3. Il est par contre bien évident qu'il y a des différences culturelles dans les conceptions du bonheur et les moyens de l'atteindre.

4. Diener, Sapyta & Suh, 1998.

5. King & Napa,1998.

collègues de l'université de Stanford[6] ont mesuré chez des individus la propension à considérer le bonheur comme un *must*. Ils leur ont demandé d'évaluer différentes affirmations comme : « Mon niveau de bonheur influence mon envie de vivre », « Je voudrais être plus heureux que je ne le suis généralement », « Pour avoir une vie qui vaille la peine d'être vécue, je dois me sentir heureux(se) la plupart du temps ». Ils ont aussi mesuré l'impact du stress sur leur vie, leur état de bien-être et leur niveau de dépression au cours des dix-huit derniers mois. L'étude a montré qu'en situation de stress peu important, quand l'environnement externe ne fournit pas de raison ou d'excuse à son mal-être (on « devrait » donc être heureux), ce sont ceux qui sont les plus obsédés par leur bonheur qui ont le niveau de bien-être le plus bas et le niveau de dépression le plus élevé.

Brigitte se sent mal dans sa peau, elle pense avoir *quelque chose qui cloche* : « [...] Je suis mère au foyer, j'ai trois enfants, je ne manque de rien de matériel et je devrais donc être heureuse. Je dois vraiment avoir un problème car je ne le suis pas. » Brigitte se sent triste de ne pas être heureuse, malheureuse de ne pas être épanouie, ce qui l'entraîne dans un cercle vicieux de frustrations. Pour elle, comme pour beaucoup d'autres personnes, la quête effrénée du bonheur crée un état d'esprit qui rend son atteinte très improbable.

6. Mauss, Tamir, Anderson & Savino, 2011.

Nous pouvons difficilement contrôler le fait de nous sentir bien ou pas (nous aborderons cela plus en détail dans le chapitre suivant), et nous ne pouvons donc pas être heureux sur commande.

Les attentes

Les objectifs auxquels nous accordons de l'importance déterminent non seulement ce que nous voulons atteindre, mais aussi les standards à partir desquels nous évaluons notre succès. Quelqu'un qui valorise la réussite académique et qui est très exigeant avec lui-même sera extrêmement déçu s'il a de mauvais résultats. Mais, en général, cette déception lui sert de moteur pour travailler davantage. Dans les domaines concrets de la vie (sport, études, etc.), cet écart entre le rêve et sa réalisation ne représente pas une entrave à l'atteinte de l'objectif. Cependant, il en est tout autrement du bonheur : le poursuivre crée des effets paradoxaux dont certains se révèlent tout à fait contraires à l'objectif premier. En étant obsédés par cette finalité, nous risquons d'être mécontents ou déçus de ne pas être heureux, cet état de déception et de mécontentement devenant lui-même un obstacle au bonheur.

> Nos attentes influencent notre bien-être dans les situations les plus banales de nos vies : Yann rentre du travail à 20 heures. La réaction de sa compagne sera très variable selon qu'elle l'attendait à la maison à 19 h 30 ou à 22 heures. Et il y a plus de chances

qu'elle lui fasse des reproches dans le premier cas qu'elle ne se réjouisse dans le second. Plus nos attentes sont élevées et plus le but paraît facile à atteindre, plus nous serons affectés. Par exemple, nous sommes souvent plus déçus de rater un examen ou un entretien qui nous semblait facile qu'une épreuve jugée difficile. Ce même mécanisme est à l'œuvre pour toute situation dans laquelle on s'attend à quelque chose d'exceptionnel. Nous ne sommes pas étonnés de nous sentir tristes à l'annonce d'une mauvaise nouvelle, comme un décès, puisque c'est « normal ». Mais nous nous en voulons de nous ennuyer ou de ne pas nous amuser en vacances dans ce petit paradis d'où tous nos amis sont revenus émerveillés.

Dans une autre étude[7], Iris Mauss et ses collègues ont mis en évidence les dégâts de nos attentes vis-à-vis du bonheur. La moitié des participants devaient lire un faux article de journal vantant les avantages du bonheur avec des affirmations comme « Les individus plus heureux que la moyenne ont plus de succès, sont en meilleure santé et sont plus populaires », tandis que les autres recevaient un article sur un autre sujet. Ensuite, ils visionnaient aléatoirement soit un film joyeux, soit un film triste. L'équipe a constaté que ceux qui avaient lu l'article sur les avantages du bonheur n'étaient pas plus malheureux que les autres devant le film triste (il est « normal » de ne pas se sentir joyeux devant un film triste). En revanche, ils se

7. Mauss, Tamir, Anderson & Savino, 2011.

révélaient beaucoup moins enjoués que les autres participants après avoir vu le film joyeux.

Une étude de Schooler, Ariely et Loewenstein menée en 2003[8] a donné les mêmes résultats à propos du plaisir ressenti en écoutant de la musique. Dans le cadre de cette recherche, on faisait écouter aux participants un extrait du *Sacre du printemps* de Stravinsky choisi pour sa nature neutre, non spécifiquement joyeuse ou mélancolique. Les participants étaient répartis en trois groupes : les premiers avaient pour consigne d'essayer de se mettre dans un état d'esprit aussi heureux que possible en écoutant cette œuvre, les autres devaient mesurer à l'aide d'une échelle leur niveau de bonheur tout au long de l'expérience, tandis que le groupe contrôle[9] (ou groupe de comparaison) n'avait reçu aucune consigne. À l'issue de l'exercice, les membres des deux premiers groupes se sont révélés les moins heureux. Voilà qui montre une fois encore que devoir se forcer à être heureux ou s'interroger continuellement sur son état sont de vrais obstacles à savourer le présent.

Les mêmes chercheurs ont également mis en évidence que plus nous avions des attentes par rapport à une fête (dans leur étude, il s'agissait du réveillon du nouvel an), plus nous étions susceptibles d'être déçus. Là encore, on voit que l'obsession du bonheur ne nous y conduit pas nécessairement.

8. Schooler, Ariely & Loewenstein, 2003.

9. Lors d'une recherche scientifique dans des conditions expérimentales, on compare généralement un groupe sur lequel on effectue une manipulation expérimentale (dans ce cas, réprimer ses émotions) avec un groupe de comparaison, appelé groupe contrôle.

Le « syndrome de Paris » est un exemple intéressant de ce couple infernal idéalisation/déception. Ce trouble psychologique transitoire toucherait plus particulièrement certains touristes japonais qui, désemparés par l'écart entre l'image idéalisée de la Ville lumière que l'on se fait au Japon (comme le Montparnasse des Années folles ou le Paris scénarisé d'Amélie Poulain) et leur perception de la réalité (saleté, niveau sonore, contacts sociaux difficiles ou inexistants), sont en proie à des symptôme psychiatriques sévères comme des états délirants[10].

L'idéalisation dans le couple

La vie de couple nous offre également une excellente illustration des dangers de l'idéalisation. La plupart d'entre nous espèrent qu'il existe quelque part un partenaire parfait. Une fois cette personne rencontrée, ce sera le conte de fées assuré : la relation harmonieuse, la communication fluide et facile, l'entente cordiale... Toutes ces représentations sous-entendent donc que si notre vie de couple ne ressemble pas à cela, c'est que nous n'avons pas trouvé le bon partenaire ou que nous ne vivons pas encore *le* vrai et grand amour. Un véhicule majeur de ce mythe est le cinéma, mais aussi les magazines *people* (qui représentent les plus grands tirages – plus de 2,5 millions d'exemplaires vendus

10. A. Viala, H. Ota, M.-N. Vacheron, P. Martin et F. Caroli, « Les Japonais en voyage pathologique à Paris : un modèle original de prise en charge transculturelle », *Nervure*, vol. 17, n° 5, juin 2004, p. 31-34.

par semaine en France) ou les chansons. Ce constat doit évidemment être nuancé : si ces différents médias peuvent renforcer en nous ce processus d'idéalisation, on peut aussi observer un mouvement contraire : des séries télévisées mettent en scène des héros de la vie ordinaire, ou même des « antihéros » comme Dexter ou Dr House. De la même manière, un personnage comme Shrek vient subvertir les codes bien pensants de l'idéalisation. La presse *people* relate aussi, bien sûr, les malheurs et autres scandales qui touchent nos stars préférées. Mais l'accent est davantage mis sur celles et ceux qui ont réussi. On y suit leur vie parfaite, faite d'argent, d'amour, de gloire et de pouvoir, tous ces attributs extrinsèques que notre société relie au bonheur. Dans ces magazines, les stars ont des corps magnifiques, un teint extraordinaire et réussissent leur vie sentimentale, professionnelle et familiale. En filigrane, on y lit que la femme moderne devrait à la fois être bonne amante, bonne mère et performante au travail. Les hommes ne sont pas en reste : les idéaux les concernant évoluent vers toujours plus d'exigence, notamment au niveau de la paternité ou de leur sensibilité.

Dès lors, nombreux sont les couples qui s'attendent à ce que les sentiments du début, leurs premiers émois, le plaisir et l'attraction durent pour toujours sans aucun effort ni compromis. Et lorsque ces sentiments changent, c'est pour eux forcément le signe que la relation ne fonctionne plus, puisqu'elle ne ressemble plus au modèle idyllique.

Nous sommes également attachés à l'idée que notre partenaire devrait se comporter de la manière que nous voulons, et que, sans nous demander, il satisfasse naturellement nos désirs. Les personnes déçues de l'amour, qui parlent de manière cynique des relations, partagent la même illusion : elles ne sont donc pas « désillusionnées », comme elles le prétendent, mais justement en plein mirage ! Et le fait de croire que le bonheur n'est pas pour elles les rend aigries.

À ce propos, le philosophe Michel Lacroix cite l'exemple de l'écrivain existentialiste danois Søren Kierkegaard qui aurait quitté sa fiancée pour sauvegarder sa vision idéale du mariage. Prisonnier de cette idéalisation, convaincu que sa relation ne pouvait que se détériorer, il choisit la séparation alors même qu'il ne doutait pas de son amour. Serge Gainsbourg évoque aussi ce dilemme dans la chanson : « Fuir le bonheur de peur qu'il ne se sauve. »

Cela vaut aussi pour les nouvelles rencontres : si nous restons accrochés à un « idéal » de la relation amoureuse, au lieu de rencontrer quelqu'un, nous nous retrouvons confrontés à notre imaginaire : il s'intercale comme un filtre entre nous et l'autre et empêche la vraie rencontre. Après une rupture, l'image idéalisée de l'ancienne relation est encore présente entre nous et la nouvelle personne et un trio infernal vient alors se former dans notre esprit.

Ce mécanisme de croyance et d'attachement à un modèle qui n'existe pas vaut aussi, bien entendu, pour le sexe : les images de « ce qui devrait » se passer empêchent bien souvent le bien-être et le plaisir, elles constituent une barrière entre nous et la relation.

Dans une étude[11] réalisée en 2012, 390 couples mariés ont été interrogés sur leur niveau de satisfaction et d'investissement dans la relation Étaient aussi évalués leurs goûts en matière télévisuelle, la fréquence à laquelle ils s'asseyaient devant le petit écran et leur degré d'identification aux histoires d'amour visionnées. Les personnes qui croyaient le plus aux romances de la télé se sont révélées moins impliquées dans leur couple et avaient tendance à envisager une alternative à leur situation actuelle. La recherche a également montré que plus une personne croyait à des modèles irréalistes, plus les « coûts » de son couple lui semblaient élevés (la perte de temps libre, le manque de liberté, les défauts de l'autre...).

Croire et s'identifier à des modèles idéalisés nous amène à nous comparer sans cesse à eux et à nous forger une image médiocre de notre propre couple. Ces comparaisons suscitent et exacerbent l'insatisfaction et la frustration.

Idéalisation, individualisme et solitude

La recherche effrénée du bonheur risque aussi d'augmenter l'individualisme. Un des effets positifs de cette conception est de développer et de mettre en avant l'autonomie et la réalisation personnelle. Mais elle a comme revers important de favoriser et d'entretenir l'esprit de compétition et de rendre chacun unique acteur responsable de son bonheur. La pour-

---

11. Osborn, 2012.

suite du bonheur affecte négativement nos liens sociaux, qui sont pourtant fondamentaux pour notre équilibre et notre bien-être.

L'obsession du bonheur est donc aussi un facteur d'isolement social. Si je suis persuadé que ma réussite et mon bonheur sont plus importants que mes relations avec les autres, ou sans rapport avec eux, j'aurai tendance à les négliger. Une étude effectuée sur 320 individus a évalué dans un premier temps leur propension à considérer le bonheur comme un impératif et à le poursuivre. Ensuite, ceux-ci devaient s'engager à remplir pendant quatorze jours, avant d'aller se coucher, un questionnaire sur lequel ils notaient le moment le plus stressant de leur journée, son intensité et dans quelle mesure ils se sentaient seuls. L'étude a montré que plus les personnes valorisaient le bonheur, plus elles se sentaient seules lors de ce moment stressant[12].

Dans une seconde expérience, on étudia des sujets chez qui on avait induit ce modèle de recherche effrénée du bonheur, et on constata chez eux un plus faible niveau de progestérone dans le sang[13]. En nous faisant nous sentir seuls, l'obsession du bonheur pourrait même contribuer à nous rendre malheureux, la solitude étant très clairement associée au mal-être dans de nombreuses études scientifiques[14].

12. Mauss, Savino *et al.*, 2012.

13. La progestérone est une hormone qui est notamment un indicateur de connexion sociale.

14. Cacioppo, Hughes, Waite, Hawkley & Thisted, 2006.

Les effets de la poursuite effrénée du bonheur : une société du manque

Notre société de consommation repose sur l'idée que le bonheur est ailleurs, mais qu'on peut l'acheter ! Une fois que nous avons tout ce qui est matériellement nécessaire pour vivre, la logique du système est donc de susciter continuellement de nouvelles envies. Cela a pour effet de détourner notre attention de ce qui est essentiel dans nos vies et de nous inciter à établir constamment des comparaisons.

Quels sont les signes de cette idéalisation qui risque de nous mener à l'obsession ? Par exemple, ces « quand..., alors... » (*quand* j'aurai un nouvel emploi, *alors* je pourrai enfin me sentir bien), ce genre de pensée qui nous porte à croire que le bonheur est à conquérir et que si notre cadre de vie change et s'enrichit de nouveaux objets, d'une maison plus grande ou d'un téléphone plus petit, tout ira mieux. C'est le principe du consumérisme, construit sur la frustration et le manque : nous faire consommer davantage en nous inoculant des désirs, rêves et remèdes imaginaires. On estime qu'à l'âge de 21 ans, un adulte ayant l'habitude de regarder la télévision aura déjà vu un million de publicités[15] !

Ce système nous pousse également à la comparaison sociale : regarder et envier ce que les autres possèdent et que nous n'avons pas, que ce soit en termes de biens matériels ou de position sociale. Sans

15. Rébecca Shankland, *La Psychologie positive*, Paris, Dunod, 2012.

surprise, la recherche scientifique vient confirmer que les désirs matérialistes et l'envie induisent un niveau moindre de satisfaction dans la vie, et plus de frustration[16]. Une étude a par exemple mis en situation des participants à qui l'on montrait des photos de femmes séduisantes. Sans surprise, ceux qui en avaient visionné davantage se sont montrés, à la fin de l'expérience, moins satisfaits de leur relation de couple que les autres[17].

Sur les réseaux sociaux comme Facebook, nous sommes exposés à deux pièges en même temps : percevoir uniquement les bons côtés des autres et se comparer à un idéal, souvent inaccessible.

Combien de fois n'avons-nous pas dit, ou entendu : « Quand j'aurai telle position sociale, telle voiture, tel nombre d'enfants, tel montant sur mon compte, terminé tel projet, alors je serai heureux. » Évidemment, le fait de continuellement désirer ce que nous n'avons pas nous empêche d'apprécier ce que nous avons. La boucle est alors bouclée, notre croyance se trouve confirmée : nous ne sommes pas heureux et ne pourrions l'être qu'à l'autre bout de la planète, les orteils plongés dans cette mer translucide. Le bonheur appréhendé comme un objet de consommation se confond avec le plaisir : il ne peut qu'être fugace. Envisagé comme une destination à atteindre, il est même pratiquement impossible à obtenir. C'est le monde décrit de manière caricaturale par Frédéric Beigbeder dans son roman *99 francs* : « Le Glamour, c'est le pays où

16. Smith & Kim, 2007.
17. *Ibid.*

l'on n'arrive jamais. Je vous drogue à la nouveauté, et l'avantage avec la nouveauté, c'est qu'elle ne reste jamais neuve. Il y a toujours une nouvelle nouveauté pour faire vieillir la précédente. Vous faire baver, tel est mon sacerdoce. Dans ma profession, personne ne souhaite votre bonheur, parce que les gens heureux ne consomment pas[18]. »

Le même phénomène se retrouve dans le monde du développement personnel ou de la thérapie : certaines personnes naviguent de stage en stage ou de thérapeute en thérapeute pour trouver ce qui les rendra enfin définitivement heureuses.

En somme, si ce bonheur idéalisé devient un dû (il nous revient de droit, la vie nous le doit) ou une obligation, nous avons de grandes chances d'être déçus. Plus nous voulons nous en approcher, plus nous souffrons de ne pas y parvenir. Dès lors, à espérer un quotidien fait d'un bonheur idéalisé, nous nous coupons de notre vie. Cela nous coûte beaucoup d'énergie, tant en actions pour essayer de l'atteindre, qu'en pensées, ruminations et questions, énergie que nous ne pouvons alors pas consacrer à ce qui compte réellement pour nous. En outre, on le sait, cette image idéalisée de la réalité nous empêche de voir les solutions qui se présentent devant nos yeux.

> Un homme vit dans une ferme proche d'une rivière dont le lit déborde à la suite d'inondations. Un voisin vient à passer en camion et lui propose de l'aider à quitter les lieux avant que sa demeure ne soit engloutie. « Oh non ! répond le fermier, Dieu me sauvera. »

---

18. *99 francs*, Paris, Grasset, 2004.

L'eau continue à monter et le fermier part se réfugier à l'étage. Un bateau à la recherche de personnes en détresse passe et les sauveteurs l'invitent à monter à bord. « Oh non ! répète le fermier, Dieu me sauvera. » L'eau monte tellement que notre fermier doit monter sur le toit, un hélicoptère de la garde civile vient lui porter secours, mais encore une fois le fermier refuse. À ce moment, l'eau monte encore et notre fermier se noie. Arrivé au paradis, il s'en prend à Dieu, en exigeant une explication. « Moi qui t'ai servi avec une foi si grande toute ma vie, comment as-tu pu me laisser mourir ? » « Tout doux, lui répond Dieu, Je t'ai envoyé un camion, un bateau et un hélicoptère dont tu n'as pas voulu, alors ne vient pas te plaindre maintenant ! »

L'illusion du contrôle

Dernière illusion : pour être vraiment heureux, nous-même, notre mari, notre femme ou nos enfants devrions être différents de ce que nous sommes. Nous ne devrions plus souffrir, toute notre vie devrait se passer comme nous le désirons. Le monde devrait en quelque sorte nous obéir. Une excellente manière de se rendre insatisfait, c'est donc d'attendre que les autres aiment ce que nous aimons et qu'ils détestent ce que nous détestons. Nous espérons qu'ils soient autrement que ce qu'ils sont, ce qui est par définition impossible ! Pensons à l'injonction « Sois spontané » à laquelle, en réalité, il est vraiment difficile d'obéir : on est spontané ou on ne l'est pas, mais impossible de le devenir sur commande. Il en va de même de la femme qui aimerait que son conjoint lui offre des fleurs. Elle lui dit un jour : « Tu sais, la femme de Philippe m'a dit qu'elle était vraiment contente de ce beau bouquet qu'il lui a offert la semaine passée. » Le soir, son conjoint revient avec un magnifique bouquet. Est-elle pour autant satisfaite ? Pas du tout : il aurait fallu pour lui plaire qu'il lui apporte des fleurs non pas parce qu'elle les lui avait demandées, mais parce qu'il y aurait pensé « naturellement ». La mère qui désire désespérément faire plaisir à son fils en lui offrant deux cravates, une verte et une bleue, n'agit pas autrement. Le lendemain, en voyant que son fils porte la verte, elle lui dit : « Je savais bien que la bleue ne te plairait pas[19]. »

Avec nos enfants, c'est la même chose : on veut qu'ils aient des bonnes notes et qu'ils aiment étudier. C'est compréhensible que l'on espère le meilleur pour eux et qu'on les motive, mais ni nous ni eux ne pouvons contrôler le fait qu'ils aiment étudier. C'est donc un objectif qui est par nature inatteignable.

Si nos enfants ne correspondent pas à notre idéal, nous en souffrons, et cela risque de créer une distance entre eux et nous, qui est en réalité l'exacte distance entre nos projections et eux.

En nous amenant à poursuivre une cible qui n'existe pas, l'idéalisation crée un terreau favorable à la déception et à la frustration. Elle nous impose des conditions irréalistes pour être heureux, ce qui nous

19. Paul Watzlawick, *Faites vous-même votre malheur*, Paris, Points, 2009.

en éloigne à chaque pas. Comme le résume bien l'écrivain et paléoanthropologue américain Robert Ardrey : « En nous forçant d'atteindre l'inaccessible, nous rendons impossible ce qui serait réalisable[20]. »

En cela, cette attitude nous coupe de la réalité et donc de la vie telle qu'elle est. Elle nous empêche aussi d'accueillir et d'être présent à ce qui nous arrive de bien et d'apprécier le bonheur quand il est à notre portée. Le bonheur idéalisé est comme Godot dans la pièce de Samuel Beckett : ce personnage central que tout le monde attend mais qui ne viendra jamais. La citation de Pascal qui se trouve en tête de chapitre prend alors tout son sens : « Ainsi nous ne vivons jamais, mais nous espérons de vivre, et, nous disposant toujours à être heureux, il est inévitable que nous ne le soyons jamais. »

20. *The Social Contract : A Personal Inquiry into the Evolutionary Sources of Order and Disorder*, New York, Atheneum, 1970.

Première partie

LES PIÈGES DU BONHEUR

2

Les dangers de la lutte contre l'inconfort

Nous sommes prisonniers de ce que nous refusons.

Swami Prajnanpad

La société nous vend l'idée que l'existence rêvée est dépourvue d'inconfort, mais est-ce possible ? Notre culture a mis en avant, plus que tout, la valeur du plaisir et l'importance de « se sentir bien ». Cet état de « bonheur » est devenu une norme, un diktat : il n'est plus considéré comme normal de nos jours de se sentir triste, anxieux, nostalgique. Nous allons voir dans ce chapitre comment ce modèle est, en lui-même, source de souffrance et de désarroi.

Dans une situation difficile, l'inconfort se manifeste généralement par des sensations et des émotions désagréables comme l'insatisfaction, la frustration, l'anxiété ou la tristesse. Pour éviter cela, nous avons coutume d'adopter comme stratégie la lutte contre nos propres émotions. Nous essayons de les supprimer, de les éviter ou au moins de les contrôler. Pour y échapper, nous tentons de ne plus les sentir, de ne plus ressentir.

Il y a quelques années, je suis parti en trek au Népal avec ma compagne et deux amis. Nous avons marché pendant plusieurs jours parmi les vallées et les sommets enneigés pour atteindre un monastère magnifique, perché au milieu des montagnes. Sur le trajet du retour, à deux jours de marche de l'arrivée, les ampoules se sont multipliées sur mon pied droit au point que je ne pouvais plus avancer sans avoir mal. Notre trousse de secours était rudimentaire : nous n'avions même plus de pansements. Pour essayer d'échapper à la douleur, j'essayais par tous les moyens de ne pas porter trop de poids sur mon talon. Non seulement cela n'a pas bien fonctionné, mais cela a fini par irriter mon tendon. J'avais tellement mal à la jambe que je ne pensais plus à mon pied douloureux. Certes, mon premier problème était réglé, mais de quelle façon !

Quand cela concerne les émotions, on appelle ce mécanisme l'évitement émotionnel. C'est de ce type d'évitement dont je parle dans ce chapitre, qui concerne donc exclusivement l'évitement de nos inconforts intérieurs. Les scientifiques définissent ce comportement sous deux aspects : le fait de ne pas accepter de vivre des émotions, sensations ou pensées déplaisantes, et les actions que l'on met en place pour essayer de contrôler ou de modifier ces sentiments et les situations qui les génèrent.

Précisons d'emblée qu'il n'y a rien de mauvais en soi dans l'évitement. C'est un mécanisme de survie qui, bien utilisé, est adéquat. Ne pas consommer un aliment auquel vous êtes allergique ou que vous ne digérez pas est tout à fait sensé, tout comme prendre un antidouleur après une opération. Les stratégies d'évitement de l'inconfort ne posent donc pas de problème si elles sont utilisées à bon escient, avec modération et flexibilité. Mais quand nous y avons recours de manière rigide et excessive, nous risquons d'augmenter notre inconfort et de nous éloigner de ce qui nous est essentiel.

Le paradoxe de l'évitement

De nombreux comportements d'évitement émotionnel fonctionnent très efficacement à court terme, et c'est bien là leur drame. Parmi les exemples les plus évidents, on peut citer le fait de boire de l'alcool, de fumer un joint ou de se ruer sur le paquet de chips ou la tablette de chocolat après un événement stressant (dispute, importante charge de travail). Mais comme ces gestes nous apportent un soulagement à court terme, nous avons tendance à vite en devenir dépendants. Le petit joint du soir devient incontournable pour être de bonne humeur et ne pas s'énerver sur son enfant (ou son conjoint). Ce faisant, nous ne mettons rien en place pour résoudre la situation qui crée l'inconfort puisque nous avons notre « potion magique » ! Le problème, c'est qu'à long terme, cette stratégie ne fonctionne pas et risque d'engendrer, comme dans mes aventures népalaises, d'autres conséquences.

> Lorsque après une journée extrêmement stressante, en raison de tensions au travail ou de conflit dans sa vie privée, Gilles boit cinq verres de vin au lieu d'un,

il ressent un soulagement immédiat. Bien évidemment, cette option a peu de chances de fonctionner à long terme : boire ne résoudra ni ses problèmes professionnels ni ses angoisses personnelles. Mais parce que cette « solution » est extrêmement efficace pour faire momentanément baisser son anxiété, elle renforce son comportement d'évitement et l'incite, si la situation se reproduit le lendemain, à boire plutôt qu'à faire face à ses problèmes. Gilles applique en fait un des principes clés de l'apprentissage : il reproduit un comportement qui, à court terme, donne un résultat positif. Mais, à moyen ou à long terme, son anxiété risque encore d'augmenter. À cela s'ajoutera peut-être la honte de boire, une autre émotion désagréable que Gilles essaiera d'éviter ou de contrôler en buvant, comme le personnage du buveur que rencontre le Petit Prince :

« Que fais-tu là ? dit-il au buveur, qu'il trouva installé en silence devant une collection de bouteilles vides et une collection de bouteilles pleines.

— Je bois, répondit le buveur, d'un air lugubre.

— Pourquoi bois-tu ? lui demanda le Petit Prince.

— Pour oublier, répondit le buveur.

— Pour oublier quoi ? s'enquit le Petit Prince qui le plaignait déjà.

— Pour oublier que j'ai honte, avoua le buveur en baissant la tête.

— Honte de quoi ? s'informa le Petit Prince qui désirait le secourir.

— Honte de boire ! acheva le buveur qui s'enferma définitivement dans le silence[1]. »

1. Antoine de Saint-Exupéry, *Le Petit Prince*, Paris, Gallimard, 1943.

Mais que faire d'autre pour éviter ce sentiment que de pousser le bouchon plus loin ?

Pas de jugement dans mes propos : nous avons toutes et tous nos stratégies d'évitement qui peuvent se révéler plus ou moins destructrices à long terme pour nous et pour les autres. Télé, Internet, travail, alcool, médicaments ou chocolat, ce n'est pas tant le geste qui pose question que la fonction qu'il remplit. Lorsque le comportement est là pour nous éviter de ressentir une émotion désagréable, il risque de nous entraîner dans la spirale négative de la dépendance. La réalité, c'est qu'il n'est pas possible de contrôler nos expériences intérieures. Nous ne pouvons échapper à nous-même. L'évitement a donc cet effet paradoxal d'augmenter notre mal-être à long terme. De nombreuses recherches scientifiques ont confirmé la place centrale de l'évitement dans le maintien des problèmes psychologiques et de comportements aussi divers que la beuverie effrénée (« *binge drinking* »), l'automutilation, la conduite à risque ou l'abus de substances psychotropes[2]. Ces comportements ont tous en commun d'être des tentatives pour anesthésier des émotions et un vécu trop douloureux.

Quand nous entrons en lutte, nous consacrons toute notre attention et notre énergie à ce à quoi nous résistons. Nos émotions difficiles deviennent alors le centre de notre existence. Plus nous les combattons, plus elles s'intensifient. Nous nous découvrons stressés par notre état de stress, anxieux de notre anxiété,

2. Kingston, Clarke & Remington, 2003.

nous devenons insécurisés par notre peur, nous énervons contre nos colères... Ce qui crée un cercle vicieux : nous éprouvons toujours plus d'émotions désagréables, et nous cherchons donc plus encore l'évitement.

Quand nous sommes pris dans les sables mouvants, la première réaction, naturelle, est de se débattre pour s'échapper. Mais en tentant de s'extirper avec un pied, nous nous appuyons de tout notre poids sur l'autre jambe et le corps s'enfonce alors plus profondément. Plus nous nous débattons et luttons pour nous échapper, plus nous nous enlisons. L'impasse est identique avec nos émotions, sensations et pensées désagréables. L'évitement et la lutte font partie intégrante du problème. Pourtant, de nombreux auteurs de développement personnel n'en tiennent pas compte : « Quand vous vous sentez mal, vous êtes sur la fréquence qui attire encore plus de mauvaises choses. [...] Quand vous vous sentez mal et ne faites aucun effort pour changer vos pensées et vous sentir mieux, vous êtes en réalité en train de dire : "Amenez-moi plus de circonstances qui me feront me sentir mal. Amenez-les !" » Selon ces extraits du livre *Le Secret*[3], il faudrait absolument éviter de vivre des émotions désagréables, car elles attirent le malheur. Voilà à mon sens une bien dangereuse invitation à l'évitement émotionnel.

3. Rhonda Byrne, *op. cit.*

L'évitement des contextes pouvant déclencher de l'inconfort

L'évitement émotionnel n'est pas seulement caractérisé par les tentatives de contrôle de nos sentiments inconfortables. Il comprend aussi le fait de fuir les situations qui pourraient déclencher ces émotions. L'évitement crée alors une aversion pour tous les contextes, lieux ou personnes qui pourraient potentiellement nous mettre mal à l'aise. Si nous avons un jour ressenti de l'inconfort dans une situation sociale (ce qui nous est arrivé à tous) et que nous ne voulons absolument plus le vivre, nous allons essayer d'éviter toute situation où il pourrait survenir à nouveau : n'importe quelle fête, mariage, rencontre entre amis, ou même réunion de travail.

> Julie me racontait encore récemment son mal-être quand elle était invitée à des soirées chez des amis. Lors d'une de ces fêtes, il y a pourtant longtemps, les deux personnes qui l'accompagnaient avaient rapidement rencontré quelqu'un et elle avait passé la soirée toute seule, se sentant abandonnée et incapable de profiter de l'ambiance. Depuis, elle trouvait toujours une bonne excuse pour éviter ce genre d'invitation. Si son inconfort baissait au moment où elle refusait la proposition, puisque cela voulait dire qu'elle allait échapper à une situation potentiellement désagréable, il augmentait ensuite au fur et à mesure du temps passé seule dans son appartement. Elle s'y sentait à nouveau sans valeur et abandonnée et en plus imaginait ses amis en train de s'amuser.

Aujourd'hui, pour essayer d'échapper à son anxiété, Samir n'accepte plus aucune invitation s'il ne connaît pas tous les convives. Avec le temps, le nombre de situations et de personnes à éviter s'accroît, il ne sort que très rarement de chez lui et ne s'engage pas dans de nouvelles relations pour ne pas risquer d'être rejeté. Il passe en revanche de très nombreuses heures à ruminer et à anticiper les éventuels inconforts qu'il pourrait ressentir dans tel ou tel contexte.

En voulant à tout prix éviter l'inconfort, nous serons rapidement contraint, comme Julie et Samir, de renoncer à de très nombreux comportements et à des moments utiles, heureux ou mêmes importants. Parler en public, prendre l'ascenseur ou l'avion, téléphoner : le théâtre de notre vie se réduit, celle-ci devient de plus en plus étriquée. À force d'évitements, nous perdons en liberté et en possibilités.

L'évitement émotionnel se met entre nous et ce qui compte dans notre vie

Un autre effet collatéral de l'évitement est de se mettre en travers de ce qui est réellement important pour nous, de ce qui contribuerait à une vie riche à long terme. Arrêtons de nous mentir ou de croire aux histoires qui nous sont racontées : au cours de notre vie, nous rencontrerons des moments difficiles, de l'inconfort, des épreuves. Le travail, la vie en couple et en famille, tous les domaines de la vie recèlent des émotions désagréables. Si nous ne supportons pas l'idée d'avoir les pieds fatigués (ou des ampoules), nous n'irons jamais marcher en montagne. De même, dirigés par l'évitement de l'inconfort, nous n'entreprendrons pas d'études, même si c'est pour exercer le métier de nos rêves, nous ne ferons pas de sport, même si nous voulons rester en forme et entamerons plutôt ces régimes « magiques » qui devraient nous faire maigrir sans effort mais qui nuisent à notre santé. Sans acceptation du risque de l'inconfort, nous ne changerons pas de secteur d'activité ou nous ne lancerons pas l'entreprise dont nous rêvons. Dans ces conditions, nous en arriverons vite à ne plus tolérer les émotions difficiles des personnes que nous aimons (amis proches, conjoint, enfants). Certaines mamans ont du mal à mettre des limites à leurs enfants parce qu'elles ne tolèrent pas les émotions fortes que cela provoque en elles. Il arrive que la même chose se produise dans les relations de couple : la peur d'être rejeté, trahi, trompé en conduit certains à éviter toute situation de réelle intimité. Citons aussi le cas de personnes qui refusent de s'engager dans une relation de crainte de souffrir ou n'entament de relation qu'avec des personnes qui ne les intéressent pas vraiment pour ne pas risquer d'être abandonnées. D'autres mettent fin à la relation dès qu'elle devient sérieuse : la peur du rejet les pousse à partir pour ne pas s'exposer à être quitté.

Plus une chose est importante pour nous, plus elle nous rend vulnérable : seul ce qui a de la valeur à nos yeux peut causer notre souffrance. Repousser tout risque, ou toute forme d'inconfort, revient alors à refuser de s'engager pour ce qu'il y a de plus essentiel, ce qui donne du sens à nos vies. Prisonniers de l'évitement, nous passons le plus clair de notre temps à essayer de «nous sentir bien» au lieu d'améliorer notre vie de manière concrète.

> Patrick, directeur d'une petite entreprise bordelaise, a dû un jour gérer une situation sociale très délicate : «Une grève s'est déclarée dans mon usine, avec énormément de tensions. J'étais tellement fatigué et stressé que tout ce que je voulais à ce moment-là, c'était disparaître six pieds sous terre ou tomber malade. Mais ne pas agir n'a fait qu'aggraver la situation.»

L'évitement accapare tout notre être. La lutte mobilise toute notre énergie et crée en nous une grande lassitude. Ce type de comportement nous demande paradoxalement énormément d'attention et de ressources. Lorsque nous concentrons tous nos efforts pour nous battre à l'intérieur de nous-même et ne plus ressentir d'inconfort, nous n'avons plus d'énergie pour agir à l'extérieur et améliorer notre qualité de vie à long terme. Posons-nous cette question : notre vie serait-elle différente aujourd'hui si nous avions consacré les moyens que nous avons dépensés à éviter de souffrir pour aller vers l'essentiel ?

L'évitement émotionnel nous coupe des autres

> Je me souviendrai toujours de ce moment qui remonte pourtant loin dans ma mémoire. J'ai 16 ans, je descends d'une camionnette qui me ramène du sud

de la France pour venir voir ma mère qui, atteinte d'un cancer, se fait soigner en Belgique. Un homme s'approche de moi et me dit : « C'est trop tard, elle est décédée. » L'abîme, le sol se dérobe sous mes pieds. Sur le moment, et pendant très longtemps, je n'ai pas pu me connecter réellement à cette douleur, c'était trop difficile. Mais ne pas être capable d'accepter de ressentir ma détresse ne m'a pas permis d'être suffisamment empathique avec ma sœur, qui aurait peut-être eu besoin de plus de compréhension et de pouvoir partager davantage sa douleur avec moi.

Nos émotions jouent un rôle central dans nos relations aux autres : elles nous aident à comprendre leurs sentiments, croyances et intentions, à mieux communiquer et à partager nos propres ressentis ainsi qu'à coordonner nos interactions sociales[4]. De nombreuses recherches montrent que tenter de réprimer ses émotions entraîne des conséquences au niveau interpersonnel. Emily Butler et ses collègues de l'université de Stanford[5] ont conduit une série d'études dans lesquelles ils demandaient à des sujets qui ne se connaissaient pas de discuter ensemble d'un film que l'on venait de leur diffuser. Cette vidéo de seize minutes décrivait les suites du bombardement nucléaire sur Hiroshima et Nagasaki et avait été choisie pour provoquer chez elles non seulement des émotions intenses (colère, tristesse ou encore dégoût), mais également un débat (sur la guerre, les dangers de l'énergie atomique). Tout au long de l'expérience, les

4. Keltner & Haidt, 2001.
5. Butler *et al.*, 2003.

chercheurs mesuraient la pression sanguine des participantes.

Pour l'une de ces études, les chercheurs avaient formé un premier groupe de 42 personnes qu'on avait réunies en paires. Dans chaque binôme, on demandait à l'une, à l'insu de l'autre partenaire, de tenter de taire ses émotions. Dans ses écouteurs, elle entendait ceci : «Durant la conversation, faites en sorte que votre partenaire ne puisse pas se rendre compte que vous ressentez quelque émotion que ce soit», tandis que sa partenaire ne recevait pas d'instruction (ses écouteurs diffusaient un morceau de musique). Ce groupe était comparé avec le groupe contrôle dans lequel un même nombre de participantes étaient réunies deux par deux et ne recevaient aucune instruction. Toutes les participantes devaient ensuite discuter du film.

L'expérience a mis en évidence que la suppression des émotions entraînait un accroissement de la pression sanguine tant chez celles à qui l'on avait demandé de tenter de supprimer leurs émotions que chez leur interlocutrice. Pendant qu'elles essayaient de cacher leur ressenti, ces participantes étaient également plus distraites et donc moins présentes à leur camarade. À la fin de l'expérience, on évaluait la qualité du lien relationnel par des questions comme : «Dans quelle mesure appréciez-vous votre partenaire ?», «Pensez-vous que votre partenaire vous estime ?» ou : «Pensez-vous que vous pourriez vous entendre avec cette personne ?». Celles qui avaient tu leurs émotions étaient moins appréciées que celles du groupe contrôle, qui n'avaient pas tenté de réprimer leurs émotions. Ces résultats ne sont pas étonnants au vu de l'abondante littérature scientifique sur l'importance des émotions dans la création de l'intimité et des liens d'amitié.

Ces recherches en laboratoire ont été confirmées par une étude longitudinale sur quatre ans. On a pu observer que le degré de répression de ses émotions au moment de l'entrée à l'université (là où de nombreuses relations se forment) pouvait prédire la qualité du lien social au sortir des études. La tendance à refouler ses émotions était mesurée à l'aide d'un test et la qualité des relations était évaluée par des pairs (des proches du participant qui étaient contactés par les chercheurs). La suppression des émotions prédisait une moins bonne connexion sociale à la fin de l'expérience, quatre ans après[6].

> Pierre a énormément de difficultés à ressentir et à exprimer ses sentiments. Quand sa compagne se sent frustrée ou triste, plutôt que de l'écouter, il essaie de parler d'autre chose ou de lui dire que tout va bien. Parler de ses émotions le met très mal à l'aise. Ainsi, lorsqu'ils ont une tension, Pierre choisit souvent la fuite ou la diversion : il pense qu'il ne pourra pas gérer sa colère s'il se met à parler de ce qui les oppose. Élise, pour sa part, se sent incomprise : elle a l'impression de ne pas pouvoir partager les choses importantes avec son compagnon.

Éviter à tout prix de ressentir des émotions désagréables ou éviter d'en parler peut donc se révéler délétère pour nos relations.

6. English, Srivastava & Gross, 2012.

L'évitement émotionnel affecte notre capacité à vivre des sentiments agréables

Se couper de ses ressentis désagréables pour tenter de se sentir bien à tout prix a paradoxalement, comme nous l'avons vu, l'effet inverse. En plus d'être inefficace, l'évitement émotionnel émousse également notre sensibilité aux sentiments et émotions agréables comme la joie, l'amour, la beauté. Une étude de l'université de Fribourg[7] menée en 2013 sur des patients souffrant d'instabilité émotionnelle et de comportements impulsifs (étiquetés comme « borderline[8] » ou « trouble de la personnalité limite » dans la nosographie[9] psychiatrique) a confirmé l'impact de l'évitement sur la psychopathologie, mais aussi sur les émotions négatives et positives[10]. L'évitement émotionnel prédit plus d'émotions difficiles et moins d'émotions agréables. En somme, comme le résume le professeur de psychologie de l'université du Nevada, Steven Hayes[11],

7. Jacob, Ower & Buchholz, 2013.

8. Les caractéristiques de ce « trouble de la personnalité borderline » sont l'instabilité dans les relations interpersonnelles et dans les états émotionnels, l'impulsivité ainsi que des difficultés en rapport avec l'image de soi, et cela dans un grand nombre de contextes.

9. La nosographie est la description et classification des troubles et des maladies.

10. Jacob, Ower, & Buchholz, 2013.

11. Steven Hayes est un chercheur en psychologie comportementale reconnu pour son travail sur l'acceptation. Il est un des fondateurs de l'ACT, la thérapie d'acceptation et d'engagement, et l'auteur de plus de 500 articles scientifiques.

essayer à tout prix de ne pas se sentir mal, c'est le meilleur moyen de ne pas se sentir bien !

La « pathologisation » des états d'âme

Une autre manifestation de cette obsession à vouloir éviter l'inconfort et à se sentir bien à tout prix est la « médicalisation » de nos états d'âme. Il est vrai que vivre des émotions de manière prolongée, trop intense ou non adaptée à la situation peut affecter notre équilibre psychologique et même notre santé physique. Mais il est important de se rappeler que nos émotions, même les plus difficiles comme l'anxiété ou la tristesse, présentent une utilité. La psychologie évolutionniste, qui vise à expliquer les mécanismes de la pensée humaine à partir de la théorie de l'évolution biologique, soutient que nos émotions ont permis notre adaptation aux contraintes environnementales auxquelles nous avons été confrontés[12]. Elle postule que celles-ci nous renseignent sur l'environnement (par exemple, l'anxiété nous informerait de dangers potentiels), nous préparent à faire face aux difficultés (l'accélération du rythme cardiaque, la variation de la pression sanguine, l'afflux de sang dans certaines parties du corps nous préparent à fuir ou répondre à l'agression...) et nous aident à communiquer avec les autres. Il est donc naturel et utile de ressentir des émotions « négatives ».

12. Cosmides & Tooby, 2000.

Or la plupart des états difficiles que n'importe quel être humain rencontrera au cours de son existence se voient peu à peu « pathologisés » et présentés comme des maladies. La timidité et la tristesse en sont les deux exemples les plus marquants.

Dans son ouvrage *La Timidité : comment un comportement normal est devenu une maladie*[13], Christopher Lane, professeur de littérature à la Northwestern University de Chicago, montre comment une émotion ordinaire a été qualifiée de pathologique, ce qui a conduit à la médicalisation de millions de personnes[14]. La timidité, ce sentiment ordinaire vécu par nombre d'entre nous, est désormais cataloguée en « phobie sociale ». Elle est aujourd'hui le troisième trouble mental diagnostiqué aux États-Unis, derrière la dépression et la dépendance alcoolique.

En 2013, peu après la sortie de la cinquième édition du *DSM*[15], qui est devenu la norme en matière de classification des maladies mentales, le psychiatre américain Allen Frances[16] s'est inquiété de la même

13. *Shyness : How Normal Behavior Became a Sickness*, Yale University Press, 2009.

14. Lane, 2009.

15. *Le Manuel diagnostique et statistique des troubles mentaux* (également désigné par le sigle *DSM*, abréviation de l'anglais : *Diagnostic and Statistical Manual of Mental Disorders*) est publié par la Société américaine de psychiatrie (APA). C'est un ouvrage de référence qui classifie et catégorise des critères diagnostiques de troubles mentaux. Il sert de manuel de référence aux psychiatres et médecins du monde entier pour la prescription de psychotropes.

16. Allen Frances a dirigé l'équipe qui a révisé la troisième version du DSM.

tendance pour le deuil[17]. Le chagrin consécutif à la perte d'une personne chère y est estampillé désordre dépressif majeur s'il persiste plus de deux semaines après le décès. Cette proposition tend à rendre pathologique une émotion humaine normale et à banaliser la prescription de psychotropes. D'après lui, cette nouvelle édition du *DSM* entraînera une plus grande médicalisation des difficultés affectives ou émotionnelles qui font pourtant partie de la vie et ce alors que les diagnostics abusifs constituent déjà un très grave problème pour la santé des gens[18]. Frances pointe aussi le trouble de « symptôme somatique[19] » qui donne lieu à des diagnostics psychiatriques chez une proportion importante de personnes qui éprouvent une anxiété naturelle face à leurs douleurs chroniques ou à leurs souffrances physiques[20].

Ces constats rejoignent ceux d'Allan Horowitz et de Jerome Wakefield, deux chercheurs en sciences sociales[21] qui mettent en évidence le danger de transformer une tristesse « normale », pouvant s'expliquer

---

17. www.psychologytoday.com/blog/dsm5-in-distress/201212/dsm-5-is-guide-not-bible-ignore-its-ten-worst-changes

18. Dowrick & Frances, 2013.

19. Le critère défini précédemment pour établir ces troubles est la persistance de symptômes tels que douleurs corporelles, maux de tête, vertiges, troubles digestifs, fatigue, affections dermatologiques, etc., sans que l'on puisse les expliquer par une cause organique. Dans la nouvelle version, le critère est « l'impact des symptômes somatiques sur les pensées, les sentiments et les actions de la personne », ce qui pourrait amener à psychiatriser un grand nombre de personnes souffrant d'un cancer, de maladies cardio-vasculaires, du syndrome du côlon irritable ou de fibromyalgie.

20. Frances, 2013.

21. Allan Horowitz est professeur en sociologie à la Rutgers University et Jerome Wakefield est professeur en psychiatrie à l'université de New York.

par des facteurs extérieurs défavorables, en état de dépression clinique[22].

Bien entendu, l'on ne peut que se réjouir des nombreuses innovations positives qui voient le jour dans le domaine médical pour soulager les personnes en difficulté psychologique. Il n'est donc ici pas question de s'élever contre toute aide médicale ou psychiatrique apportée aux patients dans le besoin : ce serait une attitude extrême et peu responsable au vu de la souffrance qu'éprouvent certains d'entre eux et du soulagement qui peut leur être apporté.

> Quand Lucie prend un anxiolytique avant sa réunion d'équipe, elle est dans l'évitement de ses émotions. Si à court terme elle se sent mieux, le soulagement qu'elle éprouve va la motiver à en reprendre à la prochaine occasion. Et le fait qu'à moyen terme l'anxiété revienne, renforcée par sa stratégie d'évitement, ne fera qu'amplifier l'idée qu'elle a vraiment besoin de sa pilule. Le cycle de la dépendance est amorcé.

Pourquoi, à l'instar de Lucie, une personne sur dix en Europe a-t-elle besoin d'une pilule pour affronter la vie ? La consommation d'antidépresseurs dans nos pays ne cesse d'augmenter. Une étude menée en 2011 par l'université de Warwick et de l'IZA Institute sur près de 27 000 personnes dans 27 pays a montré que 10 % des Européens d'âge moyen avaient eu recours à ce type de médication au cours de l'année précédente. La France se distingue particulièrement par sa

22. Horowitz & Wakefield, 2007.

consommation élevée par habitant d'anxiolytiques et de somnifères, substances qui entraînent des dépendances et donc un sevrage difficile. Selon le rapport 2012 de l'Agence française de sécurité sanitaire des produits de santé, on estime que 20 % des Français ont ponctuellement recours à des anxiolytiques et hypnotiques et 10 % en prennent de manière régulière. La part de la population ayant consommé un médicament psychotrope au cours des douze derniers mois (environ 25 %) serait deux fois plus élevée que la moyenne des pays européens limitrophes de la France.

Un cercle vicieux

L'évitement de nos émotions, au lieu de nous amener à mieux vivre notre vie, réduit nos possibilités, nos choix et notre qualité de vie. Nous devenons prisonniers de nos stratégies de contrôle : la recherche scientifique confirme par exemple que les pires insomnies surgissent lorsque nous tentons de nous forcer à dormir[23]. La répétition des efforts pour contrôler nos émotions et nos sensations nous expose à développer une sensibilité accrue à ces mêmes expériences et mène à leur intensification. Malheureusement, ces stratégies ont souvent un effet positif à court terme, et nous nous persuadons ainsi que si nous n'avions pas mis en place cette méthode d'évitement (par exemple par l'alcool, les médicaments, la

23. Ansfield *et al.*, 1996.

nourriture), le pire se serait produit. Nous en arrivons à avoir peur de notre propre peur. Ce mécanisme agit comme un « renforcement négatif ». Nous avons donc plus de chance de répéter un même comportement si nous avons l'impression, à tort ou à raison, qu'il nous évitera des sensations désagréables. Paul Watzlawick en donne un excellent exemple : prenons un cheval qui reçoit une décharge électrique dans un de ses sabots par l'intermédiaire d'une plaque métallique dissimulée dans le plancher de son écurie. Si avant chaque décharge, on fait retentir une sonnerie, l'animal établit assez rapidement un lien de cause à effet entre le signal et la sensation désagréable. Dès lors, quand il entend le bruit, il lève le sabot pour éviter le choc électrique. La décharge devient vite inutile : la sonnerie seule suffit bientôt à lui faire lever le sabot. Ce que le cheval ignore et ce que sa conduite d'évitement l'empêchera à tout jamais de savoir, c'est que le danger a cessé d'exister depuis longtemps. À la longue, l'évitement nous conduit à un résultat paradoxal : fuir nos émotions aversives nous expose à d'autres émotions négatives, nous fait nous sentir mal et nous donne encore plus envie de fuir.

« La douleur est incontournable, la souffrance est optionnelle », dit l'écrivain japonais Haruki Murakami[24]. La douleur est une expérience qui fait partie intégrante de la vie, elle est même absolument nécessaire pour survivre. C'est ce qui nous fait prendre conscience du danger de mettre notre main

24. *Autoportrait de l'auteur en coureur de fond*, Paris, Belfond, 2010.

dans le feu et nous apprend à prendre soin de nous. La souffrance est constituée de la douleur à laquelle s'ajoutent le jugement et le refus de cette douleur. Elle se manifeste souvent par des pensées et des ruminations du type : « Ce n'est pas juste » ou : « Que va-t-il m'arriver ? » ou : « C'est impossible, jamais je ne tiendrai. » La souffrance n'est pas nécessaire à notre survie, elle nous empêche au contraire de bien vivre. La souffrance maximise l'inconfort jusqu'à le rendre intolérable. Un mal de tête ou de dents peut être très douloureux, mais toute notre résistance contre cette douleur le rend encore plus insupportable.

Vivre est par moments déplaisant mais nous ne pouvons pas éviter l'inconfort intérieur sans, quelque part, éviter de vivre. L'évitement automatique et compulsif nous limite, car il entrave notre liberté de choisir. Les difficultés, émotions désagréables et douleurs font autant partie de notre vie que les moments de joie, de contentement et de partage. Apprenons alors à ne pas transformer nos douleurs en souffrances. Comme le dit avec humour Samuel Beckett : « Vous êtes sur terre, c'est sans remède[25] ! »

---

25. *Fin de partie*, Paris, Minuit, 1957.

3

Le mythe de la pensée positive

Qu'est-ce que je serais heureux
si j'étais heureux.

Woody Allen

La pensée positive

« Les pensées sont magnétiques et ont une fréquence. Lorsque vous pensez, ces pensées sont envoyées à l'univers et elles attirent magnétiquement toutes les choses sur la même fréquence. » C'est la fameuse loi de l'attraction dont parle *Le Secret*[1], un des best-sellers de la pensée positive. Dans le même ouvrage, David Schirmer, un multimillionnaire australien, affirme que la pensée positive l'a rendu riche : « Pourquoi ne pas simplement visualiser des chèques qui arrivent par la poste ? J'ai donc visualisé un tas de chèques qui arrivent par la poste. En moins d'un mois, les choses ont commencé à changer. Et c'est étonnant : aujourd'hui je reçois des chèques par la poste[2]. »

1. Rhonda Byrne, *op. cit.*
2. *Ibid.*

À en croire certains gourous de la pensée positive, notre vie est le simple reflet de nos pensées : en les contrôlant, on pourrait avoir tout ce que l'on désire. Les titres de certains ouvrages sur le sujet laissent songeur : *Comment obtenir tout ce que vous voulez. Les secrets pour contrôler et influencer toutes les situations*[3] ; *La Loi de l'attraction : la clef du secret pour obtenir tout ce que vous désirez*[4]. Au vu du nombre de livres qui se vendent sur le sujet, la pensée positive semble intéresser un très large public, mais lui est-elle réellement utile ? Selon les auteurs et autres animateurs de stages fondés sur cette technique, nos difficultés et autres malheurs viendraient du fait que nous pensons négativement. Et donc assez logiquement, la solution serait de contrôler ses pensées négatives, de les supprimer et de ne plus avoir que des pensées positives, afin de diriger notre vie vers la réussite et le bonheur.

Mais la pensée positive fonctionne-elle réellement de manière magique ? Il est bien évidemment plus agréable de penser positivement que négativement, mais pouvons-nous véritablement contrôler nos pensées ? Quelles sont donc les conséquences d'essayer désespérément d'éviter les pensées négatives et de penser positivement à tout prix ? En m'appuyant sur des recherches récentes et des exemples de la vie quotidienne, je vais tenter de répondre le plus objectivement possible à ces questions.

---

3. David J. Lieberman, Paris, Éd. Leduc.s, 2009.
4. Esther et Jerry Hicks, Paris, Guy Tredaniel éditeur, 2008.

Le mythe du contrôle

Depuis toujours, l'homme tente de dompter l'environnement pour éviter au maximum l'imprévu et les risques. Cette volonté de tout maîtriser lui a permis de survivre et de s'adapter jusqu'à aujourd'hui. Ces tentatives de contrôle sont observables jusque dans nos plus petits comportements quotidiens. Une faute d'orthographe dans un texte ? Tipp-ex ou correcteur automatique. Une poussière sur le plancher, vite l'aspirateur ! Tout comme on s'y applique dans notre environnement extérieur, nous aimerions bien aussi contrôler tout ce qui se passe à l'intérieur de nous-même. Les tenants de la pensée positive supposent que nous pouvons prendre l'ascendant sur nos pensées. Pouvoir se débarrasser de pensées inconfortables, « négatives » et les remplacer par des « positives » n'est peut être pas aussi évident que ça...

Livrons-nous ensemble à une petite expérience : visualisez l'image d'une panthère rose. Et demandez-vous combien de fois durant les dernières vingt-quatre heures vous avez songé à ce charmant animal. Prenez ensuite un chronomètre et, pendant quatre minutes, essayez de toutes vos forces de ne surtout pas penser à une panthère rose, ni à la musique du générique de la série, ni à la couleur rose, ni à un quelconque félin. Soyez honnête : combien de fois y avez-vous pensé pendant ces quatre longues minutes ? Remettez maintenant le chrono à zéro et pensez pendant quatre minutes à tout ce que vous voulez. Là encore, combien de fois avez-vous pensé à la panthère rose lors de cette dernière étape ?

Si vous êtes comme la majorité de la population, le nombre d'occurrences de cette pensée spécifique a augmenté pendant notre petite expérience. Et quand bien même vous auriez été capable de supprimer la pensée de la panthère rose pendant les quatre premières minutes (ce qui est déjà fort peu probable), cette pensée est sans doute revenue de plus belle par la suite. Peut-être même que maintenant, à la lecture de ces lignes, sans que je ne vous le suggère, l'air du célèbre générique résonne dans votre tête...

Dans *Ours blancs et autres pensées indésirables*[5], ouvrage devenu un classique en psychologie, le professeur de psychologie américain Daniel Wegner[6] s'est intéressé à tester nos tentatives de contrôle de nos pensées. Inspiré par une nouvelle de Tolstoï où un personnage reçoit le défi de ne pas penser à un ours blanc, Wegner a étudié, dans son laboratoire de psychologie à Harvard, ce qui se produit quand on essaie de contrôler ses pensées. Dans une expérience célèbre, les participants devaient décrire verbalement pendant cinq minutes ce qui leur traversait l'esprit. Une partie d'entre eux devait essayer, tout en conti-

5. Daniel M. Wegner, *White Bears and Other Unwanted Thoughts : Suppression, Obsession, and the Psychology of Mental Control*, New York, Guilford Press, 1994.

6. Wegner *et al.*, 1987.

nuant de décrire ce qui leur traversait l'esprit, de ne pas penser à un ours blanc. Chaque fois que cette pensée survenait, les sujets devaient appuyer sur un bouton. Leur interview était enregistrée et l'équipe comptait le nombre de fois où l'ours blanc « apparaissait ». Ensuite, pendant un temps supplémentaire de cinq minutes, on leur demandait de faire le contraire et de penser à un ours blanc. Dans un deuxième groupe, la consigne était inversée : on leur demandait d'abord d'y penser, puis de ne pas y penser. L'étude a montré que les participants pensaient beaucoup plus à l'ours blanc lorsque dans la première phase de l'expérience, il leur avait été demandé de ne pas y penser. Wegner en conclut que la tentative de supprimer une pensée conduisait à une intensification subséquente de celle-ci : il appela cela l'« effet rebond ».

Obsession sur mesure

Un bon moyen de se créer une obsession, c'est de porter exagérément attention à toutes ses pensées et d'en débusquer une qui nous rend honteux, ou une pensée vraiment négative. Nous avons tous des pensées dérangeantes qui font irruption dans nos vies à un moment ou à un autre. N'avez-vous jamais pensé étrangler une personne qui vous interrompt dans un moment important ? Ou secrètement imaginé qu'il arrivait quelque chose de fâcheux à la personne qui monologue pompeusement et sans fin pendant une réunion ? Qui d'entre nous n'a pas déjà eu des pensées bizarres à propos de lui-même ou des autres sans que cela ait de conséquences fâcheuses ? En général, nous ne nous y attardons pas. Or la clé du succès de l'obsession est de se persuader qu'il est terrible d'avoir cette pensée, qu'elle est vraiment indésirable et qu'elle doit absolument disparaître pour ne pas avoir de conséquences néfastes et ruiner notre journée, ou même notre vie ! Mais supprimer nos pensées même les plus anodines n'est pas chose aisée. Dans une expérience amusante, Wegner et ses collègues ont demandé à un groupe de participants de choisir une personne dans leur entourage. On leur donnait une consigne : cinq minutes avant d'aller dormir, ils pouvaient penser à ce qu'ils voulaient sauf à elle. Ce groupe était comparé à un autre à qui l'on ne demandait pas de supprimer cette pensée. L'on demandait aux deux groupes de noter au réveil ce dont ils avaient rêvé. Sans surprise, penser à la personne augmentait sa présence dans les rêves des membres des deux groupes, mais cet effet était exacerbé par le fait d'essayer de ne pas y penser[7].

Extrapolons maintenant ces résultats aux situations où nos pensées nous font réellement souffrir. J'imagine que vous avez déjà expérimenté le fait de ne pas trouver le sommeil et de vous sentir envahi par des pensées noires. Tous vos efforts pour les changer en pensées positives ont-ils résolu vos angoisses ? Une des caractéristiques des personnes souffrant de troubles obsessionnels compulsifs (caractérisés par l'apparition répétée de pensées intrusives qui produisent

7. Wegner, Wenzlaff & Kozak, 2004.

de l'anxiété) est que ces personnes cherchent à tout prix à éviter leurs pensées indésirables[8].

Il est difficile de contrôler ses pensées et ce d'autant plus que nous n'allons pas bien. D'ailleurs, nous ne sommes quand même pas naïf au point de ne pas avoir remarqué qu'il était préférable et plus agréable de penser positivement. Mais s'il suffisait de le vouloir pour y parvenir, comme le suggèrent les tenants de la pensée positive, nous n'aurions tout simplement pas besoin de tous ces livres ! C'est précisément quand et parce que nous n'allons pas bien que nous pensons négativement et c'est dans ces moments-là que cette stratégie ne fonctionne pas. Pour le dire autrement, l'existence de la pensée positive me semble être la preuve même de son inefficacité.

Le retour de flammes de l'autosuggestion positive

Penchons-nous maintenant sur le recours à l'autosuggestion positive, au cœur des best-sellers du développement personnel et de la pensée positive comme *Réfléchissez et devenez riche*[9] de Napoléon Hill ou *Le Secret*[10] de Rhonda Byrne. Cette technique est fondée sur l'idée selon laquelle se répéter à l'envi un refrain comme « Je suis puissant, je suis fort et rien dans le monde ne peut m'arrêter », « Je suis une personne

8. Najmi, Riemann & Wegner, 2009.
9. J'ai Lu, 2011.
10. *Op. cit.*

digne d'être aimée» ou «Je développe un enthousiasme contagieux auprès de mes clients» conditionnera notre inconscient et ainsi modifiera notre état et notre vie.

Une scientifique canadienne, Joanne Wood[11], professeure et chercheuse en psychologie, a testé l'effet de ces autoaffirmations positives. Dans une étude publiée dans *Psychological Science* (une des revues scientifiques les mieux cotées), elle a comparé un groupe de participants à l'estime d'eux-mêmes faible à un autre groupe à l'estime d'eux-mêmes élevée. Elle leur demandait d'écrire toute pensée ou toute émotion qui leur traversait l'esprit pendant une durée de quatre minutes, puis elle mesurait leur humeur de différentes manières. Pour évaluer l'effet de l'autosuggestion positive, elle divisa chaque groupe en deux. Une première partie entendait retentir toutes les quinze secondes une cloche et, à ce signal, devait se répéter : «Je suis une personne digne d'être aimée», tandis que les autres ne devaient rien faire de spécial. L'expérience démontra que les personnes ayant à la base une faible estime d'eux-mêmes se sentaient encore plus mal après avoir répété ce refrain. En revanche, cela fonctionnait un tout petit peu pour celles et ceux qui avaient déjà une bonne estime d'eux-mêmes. L'autosuggestion positive fonctionne donc... uniquement pour ceux qui n'en ont pas besoin ! Cette étude montre aussi que l'usage naïf de la pensée positive peut même avoir des effets

11. Wood *et al.*, 2009.

secondaires négatifs, sur les personnes qui en auraient justement eu le plus besoin.

Le risque de la culpabilité

L'idéologie de la pensée positive a aussi comme effet « pervers » possible de faire reposer toute la responsabilité d'une situation sur l'individu au détriment des déterminants sociaux et du contexte. Dans le monde de l'entreprise, cela a déjà conduit à envoyer des employés en *burn-out* suivre un stage de pensée positive au lieu d'améliorer leurs conditions ou le cadre de travail. À l'extrême, cela pourrait mener à proposer des programmes de « rééducation de la pensée » aux personnes en grande difficulté sociale en oubliant que l'environnement dans lequel nous évoluons a un impact considérable sur nos vies.

Présupposer que nous pouvons choisir librement le contenu de nos pensées présente donc un autre potentiel effet secondaire négatif : la culpabilité.

> Géraldine me dit : « Depuis la naissance de mon deuxième enfant, c'est le stress à la maison, je me sens dépassée, j'ai l'impression de ne plus m'en sortir. Je n'arrête pas d'avoir des pensées noires et je finis même par en vouloir à cet enfant. J'ai lu beaucoup de livres sur la pensée positive. Chaque fois j'ai essayé avec entrain de mettre ces théories en pratique. Pourtant je me suis sentie plus anxieuse et en insécurité... Ce qui m'a fait me sentir encore plus

déprimée à propos de moi-même. En somme, je me sens mal de ne pas réussir à penser positivement. »

Ce témoignage illustre bien les sentiments contrastés et les désillusions auxquelles risquent d'être confrontées les personnes qui attendent de la pensée positive la résolution de tous leurs soucis.

Ce risque de culpabilité induite peut aussi se poser pour les personnes souffrant de maladies physiques graves, comme le cancer par exemple. Selon certains, nous serions non seulement responsables du fait de tomber malade mais également de ne pas guérir. Penser positivement est en train de devenir une nouvelle norme sociale à laquelle doivent se conformer les patients[12]. Certaines personnes malades se retrouvent soumises à une telle pression de leur entourage et de la société pour contrôler leurs émotions négatives qu'elles n'osent plus partager leurs expériences de vie difficiles de peur d'être étiquetées comme « négatives[13] ».

Ces croyances en une pensée magique sont également à même de susciter des attentes de guérison irréaliste qui peuvent amener la personne à négliger ou à abandonner un traitement conventionnel en cours ou la plonger dans un grand désespoir. Or, jusqu'à présent, la recherche scientifique n'a pu montrer aucun effet probant de la pensée positive[14].

12. Tod, Warnock & Allmark, 2011.
13. Rittenberg, 1995.
14. Coyne, Stefanek & Palmer, 2007, et Coyne & Tennen, 2010.

La prison de l'idéologie

La pensée positive, en accordant aux pensées une place centrale dans notre vie, et en présupposant qu'elles déterminent directement nos comportements, nous conduit à prendre ces pensées pour des faits. Dès lors, nous ne parvenons plus à nous distancer de nos états mentaux et nous en devenons esclave. En psychologie, cet état est appelé la « fusion cognitive ». C'est un procédé par lequel nous considérons nos pensées de manière littérale et leur accordons une importance démesurée, à tel point qu'elles limitent nos actions et ont au final plus d'impact que les faits eux-mêmes. Si nous avons l'impression qu'un collègue ou un membre de notre famille ne nous apprécie pas et que nous nous accrochons à cette idée en y croyant fermement, peu importe hélas que la personne nous considère positivement ou pas. Cette pensée, prise au pied de la lettre, influencera et modifiera notre perception de la réalité ainsi que nos comportements. Être « collé » à nos pensées rétrécit nos possibilités et entrave nos choix. L'autojustification est une des conséquences de la fusion cognitive. En croyant à la pensée « il ne m'aime pas », vous retiendrez prioritairement, voire exclusivement dans vos interactions avec cette personne, les éléments qui confortent cette pensée et d'aboutir à la conclusion évidente : « J'avais bien raison de le penser ! »

Cela me rappelle une histoire inspirée de Paul Watzlawick : Un homme est dans le train entre

Paris et Bruxelles et toutes les dix minutes, il ouvre la fenêtre pour jeter un peu d'une mystérieuse poudre blanche à l'extérieur. Un voyageur, intrigué par ce manège, finit par lui demander le sens de sa démarche. « C'est une poudre antiéléphants de mon invention, répond-il. — Mais voyons, regardez par la fenêtre, vous savez bien qu'il n'y a pas d'éléphants par ici ! — Et, pardi ! rétorque l'autre, c'est que ma poudre est efficace ! »

On le voit, croire aux idéologies peut nous aveugler au risque de ne plus nous permettre de prendre le recul nécessaire face à nos émotions et à nos pensées. C'est ainsi que certains diront que si la pensée positive ne fonctionne pas avec nous, c'est parce que nous ne pensons pas assez positivement, pas assez fort, pas assez longtemps.

Pensée positive et psychologie positive

Il me semble encore important de rappeler la distinction entre la pensée positive et la psychologie positive. Alors que la première est un courant qui postule un effet magique de nos pensées sur nos vies, la psychologie positive est une discipline scientifique qui étudie les moyens d'améliorer de manière réaliste le bien-être individuel et collectif en focalisant davantage notre attention sur les ressources que sur les difficultés. Je ne remets pas en cause le fait que nos pensées aient une influence sur nos vies : les ruminations sont, par exemple, un facteur avéré de fragilité en matière de dépression. Mais je ne connais aucune personne déprimée qui ait pu se débarrasser magiquement de ses ruminations ou de ses pensées anxiogènes. Ce n'est pas que ces personnes aiment ruminer, mais plutôt que leur habitude est bien difficile à perdre. Il ne suffit pas de vouloir. Si c'était facile, rares seraient les personnes déprimées !

Les parents d'un jeune garçon sont désespérés. Leur fils unique se prend pour un grain de maïs et est, de ce fait, terrorisé par les poules. Vivant à la campagne, entouré de fermes, il n'ose plus sortir de chez lui et sa vie est devenue impossible. Les parents font appel à un psychiatre renommé. Ce dernier prétend pouvoir résoudre ce problème très rapidement et il propose alors un exercice. « Regarde, dit-il au garçon en lui montrant un grain de maïs, tu vois bien que cet objet est différent de toi. Répète après moi : "Je ne suis pas un grain de maïs." » Le garçon : « Je ne suis pas un grain de maïs ! » « Répète-le cent fois. » « Je ne suis pas un grain de maïs, je ne suis pas un grain de maïs, je ne suis pas un grain de maïs... ! » À la fin de la série, le psychiatre leur dit que le problème est résolu. Quelques heures plus tard, le psychiatre est rappelé en urgence par les parents. « Que s'est-il passé ? » demande le docteur. « Notre fils a entendu une poule, il a été se terrer dans la cave et refuse d'en sortir. » Désappointé, le psychiatre dit au garçon : « Mais après notre séance, tu avais pourtant compris ne pas être un grain de maïs ! » Et le garçon de répondre : « Docteur, je le sais bien, moi, que je ne suis pas un grain de maïs, mais qu'est-ce qui me prouve que la poule, elle, le sait ? »

4

Les mirages de la poursuite de l'estime de soi

Je n'accepterais jamais d'être membre d'un club qui m'accepterait comme membre.

Groucho Marx

« Je ne réussis rien dans la vie, je me sens nul, je n'ai pas confiance en moi » ; « Je n'arrive pas à vivre une relation stable, je pense que c'est parce que je n'ai aucune estime de moi et mes partenaires le sentent » ; « Mon estime de moi est tellement mauvaise que je ne réussirai jamais à évoluer dans ma fonction » ; « Ce que je voudrais, c'est que mon fils ait une meilleure estime de lui que moi à son âge, c'est cela qui m'a empêché de m'épanouir » ; « Je déteste les examens oraux, je n'ai pas assez confiance en moi pour les réussir, je perds tous mes moyens. »

L'estime de soi, dont il est question dans tous ces témoignages, est généralement définie comme le jugement, positif ou négatif, que l'on porte sur soi. Relativement stable, elle est souvent reprise dans la liste des traits de personnalité[15]. Dans la culture occi-

15. Andrews, 1991.

dentale, et aux États-Unis plus qu'ailleurs, l'estime de soi est vue comme un gage de réussite tant professionnelle que personnelle. Elle est supposée être une base indispensable pour attirer l'attention des autres et développer des relations épanouissantes. D'innombrables articles de magazines et d'ouvrages de développement personnel promettent que le bonheur est au bout de la quête de l'estime de soi. De nombreux livres ont été écrits sur le sujet, livres qui rejoignent parfois le mouvement de la pensée positive en ce qu'ils louent les vertus magiques de l'atteinte de l'estime de soi. Certains auteurs phares de la pensée positive, comme le pasteur américain Norman Vincent Peale, jouent sur les deux tableaux, affirmant par exemple que « Quand les personnes croient en elles-mêmes, elles possèdent la première clef du succès ». L'estime de soi possède-t-elle réellement ces vertus ? Quels sont les effets de la poursuite d'une meilleure estime de nous-même ?

L'estime de soi, des bénéfices surévalués ?

Nathaniel Branden, psychothérapeute américain, figure de proue de la psychologie de l'estime de soi et auteur du classique en son genre *Les Six Clés de la confiance en soi*[16], affirme : « Je ne vois pas un seul problème psychologique – de l'anxiété et la dépression, aux problèmes à l'école ou au travail, à la peur de l'intimité, le bonheur, le succès, l'abus d'alcool ou

16. J'ai Lu pour la traduction française, 2003.

de drogues, la violence dans le couple ou envers les enfants [...] jusqu'au suicide et aux crimes violents – qui ne soit pas lié, au moins en partie, au problème de la déficience de l'estime de soi[17].» Une haute estime de soi a longtemps été considérée, tant dans le champ de la psychologie clinique que dans celui de l'éducation, comme étant liée à une bonne santé psychologique, à la performance académique, au bonheur et à plus de popularité. À l'inverse, on prête à une basse estime de soi de nombreux problèmes (abus d'alcool, mauvais résultats scolaires, agressivité...).

Pourtant, à lire les recherches récentes sur le sujet, la situation est beaucoup moins évidente qu'elle n'y paraît à première vue. Les études scientifiques n'ont par exemple jamais démontré cette croyance très répandue selon laquelle l'estime de soi améliorerait les performances académiques. Dans le monde professionnel, il semblerait que c'est le succès qui augmente l'estime de soi, et non le contraire. Les personnes qui réussissent professionnellement ont souvent une meilleure image d'elles-mêmes, mais ce n'est pas cela qui a permis leur succès. De la même manière, les études montrent que l'estime de soi ne permet de prédire ni la qualité ni la durée des relations. Dans le cas de personnalités narcissiques[18], l'assurance dont elles semblent auréolées est à première vue extrêmement attirante, mais elle s'accompagne d'un égocentrisme qui ne permet pas de construire une vraie

17. Branden, 1984.

18. Le trouble de personnalité narcissique est notamment caractérisé par un sentiment excessif d'importance personnelle et peu d'empathie et de prise en compte des besoins des autres.

relation : l'autre n'est là que pour permettre au narcissique d'exister, pour lui servir de faire-valoir.

L'estime de soi ne semble pas non plus capable de prédire les comportements antisociaux. Enfin, en ce qui concerne l'éducation où l'on ne compte plus le nombre d'interventions pour « rehausser l'estime de soi » des jeunes, le professeur Baumeister de la Florida State University[19] a conclu qu'elle ne les protégeait pas des principaux risques auxquels ils sont exposés : fumer, boire, consommer de la drogue ou avoir des comportements sexuels précoces[20].

Estime de soi et violence interpersonnelle

Une hypothèse populaire (que l'on retrouve notamment dans le livre de Nathaniel Branden cité plus haut) prétend qu'une faible estime de soi est une cause potentielle d'agression interpersonnelle, les individus n'ayant pas d'estime d'eux-mêmes utilisant la violence pour regagner cette estime ou se venger des personnes en présence desquelles ils se sentiraient inférieurs. Devant le peu d'éléments empiriques en faveur de cette hypothèse, le professeur Baumeister et son équipe ont mené des recherches pour la tester scientifiquement et éventuellement trouver des explications alternatives. Ils ont pensé que la violence pourrait être générée par le fait de sentir que l'image

19. Baumeister, Campbell, Krueger & Vohs, 2003.

20. Cela à l'exception de la boulimie pour laquelle une haute estime de soi constitue un facteur de protection.

favorable que nous avons de nous-même est menacée. Dès lors, la violence serait plutôt la manifestation de personnes ayant une opinion d'eux-mêmes démesurément élevée, ce qu'on appelle le « narcissisme » en psychologie clinique. Selon leur hypothèse, ces personnes, dont l'image d'eux-mêmes est surévaluée et donc plus facilement menacée, seraient plus enclines à l'agression.

Pour tester cette hypothèse, l'équipe a fait croire à un groupe de près de 300 participants, dont on avait mesuré le niveau de narcissisme et d'estime de soi, qu'ils allaient prendre part à une étude sur les réactions au jugement (positif ou négatif). Chacun avait pour tâche de rédiger un texte de quelques lignes sur l'avortement, et on leur faisait croire que le texte serait lu à un autre sujet pour être évalué (ce qui n'était pas le cas). De manière aléatoire, la moitié des sujets recevait une évaluation négative (« C'est le pire texte que j'ai lu de ma vie ! ») et l'autre moitié, une évaluation positive (« Pas de suggestion, très beau texte »). La seconde partie de l'expérience était présentée comme une compétition entre le participant et celui qui l'avait prétendument évalué. L'enjeu était d'appuyer plus vite que l'autre sur un bouton pour éviter une punition : le perdant était soumis à un bruit désagréable dont l'intensité, de 60 décibels (niveau 1) à 105 décibels (niveau 10), et la durée étaient décidées par le gagnant. Les résultats ont montré que plus une personne était narcissique, plus elle augmentait l'intensité et la durée de la punition et ce, uniquement quand son ego s'était senti menacé, c'est-à-dire dans le cas d'une mauvaise évaluation.

L'étude a donc confirmé que c'était bien la combinaison entre la menace (la mauvaise évaluation) et le narcissisme qui menait à des niveaux d'agression particulièrement élevés. Elle n'a montré aucun lien entre une basse estime de soi et l'agressivité. Comment l'expliquer ? Quand le narcissique voit son sentiment d'importance personnelle (démesuré) menacé, cela l'amène à être agressif. Contrairement à ce que l'on pense communément, ce sentiment de supériorité ne le protège donc pas mais le rend au contraire plus fragile. C'est bien la poursuite de l'estime de soi (au cœur du fonctionnement des narcissiques) qui les rend réactifs.

Il semble que l'estime de soi ne soit pas bien comprise et qu'on lui attribue, qu'elle soit basse ou élevée, des responsabilités exagérées. Ce qui ne revient pas à dire que l'estime de soi est un sujet hors propos. Chacun d'entre nous, qu'il ait une basse ou haute estime de lui-même, désire éprouver le sentiment positif relié à l'impression d'être quelqu'un de valable et cherche à éviter le sentiment désagréable du contraire. Par conséquent, nos croyances de ce que nous devrions faire ou être pour avoir de la valeur en tant que personne façonnent bien évidemment nos buts à moyen et à long terme. Et ces présupposés influencent aussi fortement nos comportements quotidiens. La poursuite de l'estime de soi est au cœur de la motivation des individus : nous essayons de faire ce qui pourrait nous donner un peu plus confiance en nous et évitons absolument ce qui pourrait mettre cette confiance en péril. La recherche de l'estime de soi devient donc souvent le moteur de nos actions, nous lance dans une course, une poursuite qui dirige notre vie. C'est cette quête de l'estime de soi que ce chapitre remet en question.

Le coût de la poursuite de l'estime de soi

Bien que la poursuite de l'estime de soi ait quelques bénéfices émotionnels à court terme, elle n'influence pas positivement, à long terme, les déterminants de notre bien-être que sont les liens sociaux, l'apprentissage ou l'autonomie. Les chercheurs Jennifer Crocker et Catherine Knight de l'université du Michigan la comparent au sucre : son effet est agréable mais addictif et, de plus, elle présente plus de coûts que de bénéfices à long terme.

La poursuite de l'estime de soi peut se révéler un facteur de stress et d'anxiété.

> Stéphane pratique la course à pied depuis longtemps. Mais, depuis peu, son frère, vu dans la famille comme l'éternel paresseux, s'y est mis pour des raisons de santé et semble y prendre goût. Le comportement de Stéphane, qui se sentait reconnu dans sa position d'unique « sportif » de la famille a évolué sans doute en partie à cause de cette nécessité de se prouver, à lui et à son entourage, qu'il était courageux, qu'il avait du talent, et sans doute plus que son frère... À force, l'entraînement devient obsessionnel et ses sorties ne sont plus motivées par le plaisir ou l'envie de se dépenser, mais par le besoin de continuer à exister dans le regard des autres.

Quand on se retrouve, comme Stéphane, uniquement motivé par la course à l'estime de soi, on produit des efforts (pour un travail, la réussite dans ses études, dans le sport ou la musique) parce qu'on le doit, et non parce qu'on le veut. Le comportement est donc dirigé par des facteurs extérieurs (punition ou récompense) plutôt que par une motivation intérieure (ou intrinsèque). Or il est avéré que c'est plutôt la motivation intrinsèque – quand l'action est conduite par l'intérêt et le plaisir que l'individu trouve à l'action, sans peur de punition ni attente de récompense externe – et le sentiment d'autonomie qui en découle qui favorisent notre épanouissement à long terme. La course à l'estime de soi risque d'induire un surcroît de pression interne et de stress avec les conséquences négatives que l'on connaît sur la santé mentale, notamment pour la dépression. Plus notre estime de nous dépend de conditions extérieures (regard d'autrui, comparaison), plus nous sommes exposé à ses effets secondaires négatifs.

À la poursuite de la perfection

La poursuite de l'estime de soi est souvent associée à des comportements perfectionnistes : pour avoir de la valeur, nous voulons absolument correspondre à un standard que nous n'atteindrons bien évidemment jamais. Cela favorise notre éternelle insatisfaction et notre grande exigence envers nous-même et les autres. Les recherches ont montré que les perfectionnistes, en raison du stress constant auquel ils sont exposés, sont enclins à de nombreux problèmes émotionnels, mais aussi physiques et relationnels.

Chloé est une étudiante brillante. Très soucieuse de l'image qu'elle donne d'elle-même, ses bons résultats sont un moyen de mettre en valeur son intelligence et donc sa personne. Le moindre échec serait une atteinte à son degré d'estime de soi, c'est pourquoi elle travaille dur, au point de repasser les épreuves quand elle juge sa note insuffisante. Si elle reçoit un 16/20 alors qu'elle s'attend à un 18/20, elle s'estime nulle et s'impose de revoir à nouveau la matière[21]. Le risque pour Chloé est de ne se lancer dans aucun projet qu'elle n'est pas sûre au préalable de réussir. En effet, elle préfère plutôt tout abandonner que d'être « ridiculisée » par un échec, et risquer de perdre son estime d'elle-même.

Une autre conséquence de cette course à l'estime de soi est donc, paradoxalement, de nous faire abandonner nos objectifs si nous sentons qu'ils sont difficiles à atteindre, afin de ne pas prendre le risque d'être blessé par un échec.

Julien a toujours eu l'impression qu'aux yeux de ses parents, tout ce qu'il entreprenait n'était jamais assez bien. Pendant ses études, au fil de sa carrière et de sa vie sentimentale, la référence était sans cesse Xavier, ce grand frère parfait qui réussissait tout mieux que lui. Confronté à un environnement très exigeant, il a abandonné la plupart de ses rêves en cours de route de peur de ne pas les atteindre. Il a

21. Crocker, Karpinski, Quinn & Chase, 2003.

préparé des examens sans les présenter, quitté des personnes qu'il aimait de peur de les perdre et ne voit plus son frère, après de nombreuses disputes dont la dernière, très violente.

Le problème est qu'on ne peut pas toujours tout contrôler, ni tout abandonner ! En bref, nos croyances sur ce qui nous rend « quelqu'un de bien » sont tout à la fois une source de motivation et un facteur de vulnérabilité psychologique. Le perfectionnisme est aussi souvent lié à un sentiment d'impuissance : je dois être parfait mais ce n'est pas assez, on attend encore plus de moi, j'ai donc continuellement quelque chose à prouver. Cela mène inévitablement à une déception par rapport à soi-même et augmente les risques de dépression.

Prenons le cas de Françoise, qui a étudié les sciences économiques parce que son père lui imposait de suivre un cursus « qui ressemble à quelque chose ». Au fond d'elle-même, elle se rêvait pourtant sage-femme. Même si elle occupe aujourd'hui un poste de cadre supérieur au sein d'une grande banque internationale, il lui suffit d'un commentaire légèrement négatif de la part d'un collègue pour qu'elle se sente mal pendant plusieurs semaines. Elle travaille beaucoup plus que son quota, se sent très stressée. Elle n'a pas l'impression d'avoir réussi sa vie.

Changer est très difficile pour un perfectionniste car se remettre en question, c'est reconnaître qu'il n'est pas parfait. Pour ces profils, la poursuite de l'estime de soi risque de conduire à beaucoup de dureté envers soi-même et d'intolérance envers les autres.

Elle empêche de se remettre en question et favorise aussi le narcissisme et le nombrilisme dont il sera question dans le chapitre suivant.

La poursuite de l'estime de soi dans les relations

La poursuite de l'estime de soi interfère aussi avec la qualité de nos relations sociales. Lorsque nous sommes préoccupés au premier chef par ce que nous valons, nous nous centrons forcément davantage sur nous au détriment des sentiments et besoins des autres. Les relations avec les autres risquent alors d'être instrumentalisées comme moyen de se donner de l'importance, plutôt que d'être une occasion d'échange et de partage. Les psychologues américaines de l'université d'État de New York Lora Park et Jennifer Crocker l'ont démontré dans une expérience où elles associaient par deux 160 sujets qui ne se connaissaient pas et avaient au préalable complété un questionnaire d'évaluation du lien entre leur estime d'eux-mêmes et leurs résultats académiques. Au sein de chaque paire, le premier participant passait un test prétendument censé évaluer son intelligence et l'autre devait coucher par écrit pendant ce laps de temps (dix minutes) un problème actuel de sa vie. Lorsque l'expérimentateur revenait vers le premier participant avec le corrigé du test, le résultat était toujours le même : il n'avait que 8 bonnes réponses sur 15 alors que la moyenne était de 11 sur 15. Autrement dit, on lui faisait croire qu'il était bien moins intelligent que la moyenne. Quand la paire se reformait, celui qui avait écrit ses difficultés devait maintenant les raconter à l'autre, et on évaluait ensuite dans quelle mesure il avait trouvé son collègue empathique, attentif et soutenant. On lui demandait aussi dans quelle mesure il l'appréciait et avait envie d'interagir avec lui dans le futur. Les sujets dotés d'une haute estime de soi fortement dépendante de leurs résultats académiques étaient décrits comme peu empathiques, insuffisamment à l'écoute et étaient moins appréciés par leur partenaire, au contraire des participants avec une estime de soi plus basse.

Cette étude souligne donc à nouveau que les personnes dont l'estime de soi est menacée ont du mal à se désengager de la poursuite de l'estime de soi et sont par conséquent moins présentes aux autres dans la relation. L'effet était d'autant plus fort que le niveau mesuré d'estime de soi était élevé. L'attention à l'autre étant un facteur important pour construire des amitiés authentiques, la poursuite de l'estime de soi présente le risque de miner les liens existants et d'empêcher la naissance de nouvelles relations épanouissantes, comme l'exprime bien cet extrait de l'ouvrage *Nœuds* du psychiatre Ronald Laing[22].

> Je ne m'estime pas
> Je ne puis estimer quelqu'un qui m'estime.
> Je ne puis estimer que quelqu'un qui ne m'estime pas.
> J'estime Jack parce qu'il ne m'estime pas.
> Je méprise Tom parce qu'il ne me méprise pas.

---

22. Paris, Stock, 1971.

Seule une personne méprisable peut estimer une personne aussi méprisable que moi.
Je ne puis aimer quelqu'un que je méprise.
Du fait que j'aime Jack, je ne puis croire qu'il m'aime.
Quelle preuve peut-il me donner ?

Poursuite de l'estime de soi et manipulation

La société dans laquelle nous évoluons accorde beaucoup d'importance aux valeurs extrinsèques comme l'apparence, le pouvoir ou encore le statut social. Dans ces domaines, la poursuite de l'estime de soi nous rend encore plus fragiles et plus faciles à manipuler. Dans les principaux « pourriels » qui inondent nos boîtes de messagerie électronique se trouvent en bonne place, à côté des arnaques financières, les offres de grandes marques « authentiques » vendues à prix dérisoire et la publicité pour des produits censés augmenter la virilité masculine. La taille de leur sexe, et plus généralement la performance sexuelle, est en effet un élément important dans la poursuite de l'estime de soi de beaucoup d'hommes, si bien qu'ils n'hésitent pas à dépenser des sommes importantes pour être plus compétitifs. Certains adoptent même des comportements dangereux, comme cet homme que l'on a dû amputer du pénis après une infection consécutive à de l'injection d'huile d'olive censée agrandir son sexe[23]. Sans aller jusque-là, la plupart des personnes concernées développent en tout

23. www.rue89.com/rue69/2012/11/28/gland-amovible-herbes-pompe-en-veut-aussi-aux-sexes-des-hommes-237296

cas une anxiété et un stress importants chaque fois qu'elles ne se sentent pas à la hauteur.

Les signes extérieurs de richesse et le statut social sont un autre domaine très concerné par ce problème. Un scandale autour du plagiat de sa thèse a notamment coûté son poste à l'ex-ministre allemand de la Défense, Karl-Theodor zu Guttenberg et à la députée européenne libérale Silvana Koch-Mehrin, qui avait abandonné son poste de vice-présidente du Parlement européen peu avant que le titre de docteur ne lui soit ôté. Plus nous nous comparons aux autres ou aux modèles de succès matérialiste, plus nous sommes fragiles et susceptibles de nous fourvoyer. La culture du « bling-bling » est-elle autre chose qu'une tentative de mettre en valeur une certaine image de soi ? Cette quête se traduira de différentes manières, par les lieux ou les personnes que l'on fréquente, le type d'habits que nous portons ou même notre accent lorsque nous parlons. Même si c'est par notre sobriété et nos silences que nous tentons de nous démarquer, le processus est le même : nous tentons de correspondre à un groupe ou à une image, qui seraient censés nous rendre « supérieurs » ou simplement « différents » des autres.

Cette comparaison sociale est exacerbée par nos moyens modernes de communication, notamment par les réseaux sociaux sur Internet. Pour tester cette hypothèse, les chercheurs des universités allemandes de Humboldt et de Darmstadt, Hanna Krasnova et Peter Buxmann, ont analysé le vécu émotionnel d'utilisateurs du réseau Facebook. Ils ont observé que plus d'un tiers d'entre eux vivait majoritairement des émotions négatives, principalement des frustrations dues aux fait de se comparer et d'envier ses amis virtuels. La vue de tous ces profils socialement valorisés, l'accès à toutes les actualités positives émanant des autres engendraient un mécanisme de comparaison sociale source de convoitise. Ce type de réseau social nous permet, ainsi qu'aux publicitaires, d'accéder aux informations personnelles d'un nombre incalculable d'individus d'une manière jamais vue auparavant. Même sans avoir rencontré quelqu'un, on sait où il vit, comment, avec qui. Les utilisateurs passifs des réseaux sociaux, c'est-à-dire ceux qui ne communiquent pas avec les autres mais les consultent comme source d'informations sur d'autres semblent les plus exposés aux émotions négatives : l'envie qu'ils ressentent les rend insatisfaits de leur propre vie.

La poursuite de l'estime de soi nous rend aussi plus manipulables : c'est un jeu d'enfant, pour une personne capable de « ressentir » nos besoins, de découvrir que l'estime de soi est un moteur, et de nous amener alors à agir pour son propre intérêt. Il lui suffira simplement de nous persuader qu'en suivant ce qu'elle nous propose, nous serons plus importants, plus riches, plus intéressants.

Il y a une quinzaine d'années, au début de ma vie professionnelle, je dois reconnaître que j'étais comme beaucoup dans cette poursuite de l'estime de moi-même, avec un besoin énorme de reconnaissance sociale et de réussite professionnelle. Un soi-disant « ami » l'a très vite compris et en a profité : il m'a fait miroiter tout ce que j'attendais et sans trop d'efforts de sa part, je suis tombé dans le panneau. Cela m'a coûté beaucoup d'argent et de grands moments de stress. Mais ce fut sans doute l'un des apprentissages les plus marquants de ma vie : inconscient de la motivation réelle de mes actions, je m'exposais à être manipulé par qui l'avait compris mieux que moi. Lorsque j'en parle, j'aime dire en riant que cet apprentissage m'a autant coûté qu'un MBA, mais je me plais à croire qu'il m'a peut-être appris encore davantage !

La poursuite de l'estime de soi, facteur de vulnérabilité

La poursuite de l'estime de soi nous rend donc plus vulnérable et ce, quel que soit ce qui la motive. Les conséquences ne seront peut-être pas les mêmes si l'image que nous voulons donner de nous-même est d'être gentil ou d'être puissant, mais dans les deux cas, nous deviendrons fragile et vulnérable à toute critique. Nous aurons également du mal à évaluer nos forces et nos faiblesses de manière objective. Lors des différentes missions de formation que j'ai assurées pour des organisations humanitaires, j'ai rencontré des personnes qui s'y étaient engagées en partie pour des raisons liées à la poursuite de l'estime de soi : l'image ou le statut conféré par une carrière dans l'humanitaire, le besoin de (se) prouver qu'on est plus généreux, éthique ou ouvert que les autres. Les risques sont nombreux : burn-out parce qu'on n'arrive pas à se poser des limites (l'estime de soi n'est jamais satisfaite), intolérance à la critique et à la remise en question (qui est perçue directement comme une attaque personnelle) et tendance à la « missionnarisation » (je dois sauver l'autre, même à son insu, car ma propre valeur en dépend). Matthieu Ricard[24] me confiait récemment combien il serait intéressant d'intégrer dans les formations proposées aux acteurs du monde des ONG un travail sur la connaissance de soi (notamment à travers des retraites ou par l'entraînement à la méditation).

Frédérique est en crise : elle a toujours été là pour les autres, pour les secourir, les écouter et les aider et maintenant qu'elle va mal, elle se retrouve seule. Une de ses amies, qu'elle a pourtant l'impression d'avoir tellement soutenue, ne lui parle même plus. Atteinte de ce que l'on appelle communément le « syndrome du sauveur », l'aide qu'elle prodigue aux autres est un moyen de se sentir mieux avec elle-même. Elle aide les autres mais sans se rendre compte de ses excès ou du fait qu'ils n'en ont parfois simplement pas besoin, ce qui en définitive fragilise ses liens sociaux au lieu de les renforcer.

24. Matthieu Ricard est un moine bouddhiste, traducteur du dalaï-lama, auteur et photographe. Après plus de trente ans à suivre les enseignements de ses maîtres dans les hauteurs de l'Himalaya, il est sorti de l'anonymat avec la parution d'un livre écrit avec son père, Jean-François Revel, *Le Moine et le Philosophe* (Robert Laffont, 1997). Il a alors décidé de consacrer tous les profits des ventes de ses livres à Karuna Shechen, une association de solidarité internationale qu'il a créée pour venir en aide aux populations défavorisées du Tibet, du Népal et d'Inde. C'est donc un acteur et fin connaisseur du monde des ONG.

Lorsque l'estime de soi devient notre but ultime, nous devenons obsédé par l'atteinte de l'objectif aux dépens de ce que requiert réellement la situation. Dès lors, même fondée sur de belles valeurs, la poursuite de l'estime de soi risque se retourner contre nous.

5

L'impasse du nombrilisme

Nous ne voyons pas le monde comme il est. Nous le voyons comme nous sommes.

Anaïs Nin

Personnage célèbre de la mythologie grecque, Narcisse est un chasseur d'une extrême beauté, provoquant le désir de tous. Mais ce charme s'accompagne d'une grande froideur envers quiconque s'approche de lui. Il traite d'ailleurs avec mépris la nymphe Écho, amoureuse de lui. Un jour, lors d'une partie de chasse, Narcisse se penche au bord d'une rivière et y aperçoit son reflet. Il en tombe follement amoureux, mais ne pouvant saisir ni embrasser son image, il se laisse mourir de désespoir, perdu dans la contemplation de lui-même. Prenant racine au bord de l'eau, il devient la fleur qui porte aujourd'hui son nom.

Ce mythe bien connu illustre à merveille une des dimensions néfastes du nombrilisme : le narcissisme. Dans le domaine clinique, la personnalité narcissique caractérise un individu égocentrique qui a un sens grandiose de sa propre importance, surestime ses capacités et s'attend à être reconnu des autres sans avoir accompli quelque chose de spécial, qui se sent supérieur et témoigne peu d'empathie. Dans ce chapitre, en parlant de narcissisme, je ne ferai pas référence à ce trouble majeur de la personnalité, mais à la tendance nombriliste que nous pouvons tous avoir à des degrés divers.

Une personne nombriliste n'est pas forcément prétentieuse. Au sens large, le nombrilisme fait référence au sentiment rigide et réducteur selon lequel le monde tournerait uniquement autour de nous. Étonnamment, on peut avoir une très mauvaise image de soi et se sentir le centre du monde, non pas en raison de nos qualités mais parce que nous sommes obsédé par nos propres défauts ou difficultés. Il s'agit néanmoins d'une certaine forme du nombrilisme puisqu'on se place au centre de la scène, même si c'est pour jouer le « mauvais » rôle.

> Prenons l'exemple de Daphné, qui n'a aucune confiance en elle. Dans les soirées, elle se sent systématiquement spoliée : un mot, un geste même anodin sont autant de marques de manque de respect, d'impolitesse ou de cynisme dirigés à son encontre. À la limite, cela peut se transformer en paranoïa puisque, en cas de différend, elle aura l'impression que tout comportement vise à lui nuire.

N'est-ce pas là un comportement prétentieux ? Le nombrilisme nous amène à tout prendre très personnellement : quand nous adoptons cette attitude, le monde entier tourne autour de nous.

Cela me fait penser à l'histoire de l'automobiliste qui est informé par la radio de la présence d'un conducteur fantôme sur la route. « Ce monsieur a tout faux, se dit notre ami, ce n'est pas une voiture, mais toutes les voitures qui roulent en sens inverse. »

Nous allons d'abord passer en revue quelques recherches intéressantes sur le narcissisme, avant d'aborder les effets néfastes du nombrilisme sur nos vies en nous intéressant notamment à l'impact qu'il a sur la conception de qui nous sommes, sur notre identité.

Une génération nombriliste ?

Qui sont donc les Narcisse d'aujourd'hui ? Un sondage mené à l'université de Stanford a montré que 87 % des étudiants en MBA évaluaient leur performance académique au-dessus de la moyenne. Un autre, mené sur des automobilistes, a montré que 88 % d'entre eux se considéraient comme des conducteurs plus sûrs et 93 % comme plus doués que le conducteur moyen[1]. De fait, la plupart d'entre nous se jugent plus intelligents, plus agréables et plus compétents qu'autrui. Ce qui s'explique en partie, selon le professeur de la Florida State University Roy Baumeister, par notre modèle sociétal nombriliste qui a érigé l'individu comme valeur centrale et qui a pour conséquence le narcissisme et ses nombreux effets

1. Svenson, 1981.

indésirables[2]. Ce nombrilisme est en particulier induit par notre système éducatif ultracompétitif qui nous place en concurrence avec les autres dès l'enfance. La peur du chômage, la course à la productivité, la pression en termes de performance continuent à distendre, au cours de la vie, le lien social et la confiance mutuelle.

Dans leur ouvrage *The Narcissism Epidemic*[3] («L'épidémie du narcissisme»), les chercheurs en psychologie Jean Twenge et W. Keith Campbell soulignent qu'à force d'avoir cherché à augmenter l'estime de soi de nos enfants, nous avons créé une génération de personnalités gonflées d'un sens disproportionné de leur valeur personnelle – la définition clinique du narcissisme –, personnalités fragiles qui n'ont pas la capacité de prendre soin de leurs relations. Malheureusement, de plus en plus de données empiriques confirment ce constat. Les programmes télévisés grand public se concentrent de plus en plus sur la renommée (émissions de téléréalité et autres) ; les paroles des chansons à la mode sont plus narcissiques et antisociales, et les livres utilisent un langage plus individualiste. Les chercheurs se sont notamment intéressés à l'accroissement de l'utilisation des mots et phrases individualistes (des mots comme «soi», «individuel», «unique», ou des phrases comme «Je suis le meilleur», «Je peux le faire moi-même», «Je suis spécial») et ont remarqué qu'ils avaient

2. Baumeister *et al.*, 2003.
3. Free Press, 2009.

significativement augmenté entre 1960 et 2008[4]. Différentes études sur des cohortes de milliers d'adolescents montrent que la nouvelle génération est plus centrée sur elle-même et possède des traits narcissiques plus prononcés. Elle serait, en moyenne, plus individualiste, avec pour risque une baisse de l'empathie ainsi que des comportements solidaires et d'entraide. Sur un échantillon représentatif de 11 millions d'Américains, on a par exemple observé moins d'intérêt pour les autres et également moins d'engagement civique, mais aussi, et c'est une bonne nouvelle, plus de tolérance envers l'origine ethnique, le genre ou l'orientation sexuelle. Leurs recherches ont également mis en évidence un accroissement des valeurs matérialistes (argent, prestige, image) et de ses effets, comme par exemple le recours accru à la chirurgie plastique. Ces résultats proviennent majoritairement des États-Unis, mais de récentes études en Europe sur des jeunes Hollandais ou Finnois semblent confirmer la tendance d'une génération plus nombriliste, une génération « moi » plutôt qu'une génération « nous ».

Nombrilisme et médias

Les réseaux sociaux offrent une autre vitrine de nos tendances nombrilistes. Sur la toile, chacun soigne son image digitale et tente de se montrer sous son meilleur jour. Ce qui explique que nos amis virtuels ne sont pas forcément au courant quand notre

4. Twenge, Campbell & Gentile, 2012.

vie va mal. La majorité des utilisateurs des réseaux sociaux ne mettent en lumière que le côté souriant de leur vie : concerts, vacances dans les endroits les plus en vue... Cette même tendance narcissique se retrouve dans l'engouement pour la téléréalité où l'on peut « devenir quelqu'un » en une seule émission. Différentes études ont établi le lien entre réseaux sociaux et narcissisme. Les personnes narcissiques ont en moyenne plus d'amis sur Internet, mais cela ne veut pas dire qu'elles valorisent le lien social : elles veulent plus d'amis virtuels, mais pas réels. Ainsi, le nombre d'amis affichés sur Facebook est un moyen pour le narcissique de montrer sa popularité sans l'investissement émotionnel que nécessite une vraie relation[5]. Les individus narcissiques ont aussi tendance à faire davantage d'« autopromotion » sur ces sites en changeant régulièrement leur statut ou en mettant en ligne des photos d'eux. Ils ont aussi plus de comportements antisociaux, comme se venger de commentaires désagréables[6].

Soi et les autres

Dans un modèle de société individualiste, les personnes se conçoivent relativement indépendantes de la collectivité[7] (famille, groupe, nation, etc.). Le nombrilisme amène donc ses « victimes » à percevoir leur

5. Bergman, Fearrington, Davenport & Bergman, 2011.
6. Carpenter, 2012.
7. Hamamura, 2012 ; Oyserman, Coon & Kemmelmeier, 2002.

environnement et les autres en fonction de ce qui les sépare et les différencie, ce qui peut les conduire à un déficit d'empathie. Cette attitude influe tant sur leurs relations interpersonnelles que sur leur respect de la nature. Une étude a par exemple évalué l'impact du narcissisme lors d'un travail d'équipe touchant aux questions environnementales en étudiant les comportements d'individus confrontés à l'exploitation de ressources forestières. Chaque participant représentait les intérêts d'une entreprise dont l'objectif était de récolter autant de bois que possible. Les sujets étaient informés que d'autres équipes exploitaient la forêt au même moment, ils connaissaient également la superficie de la forêt et le fait qu'elle ne se régénérait que de 10 % par an. Plus les participants étaient narcissiques, plus ils épuisaient rapidement les ressources de la forêt. Les narcissiques, aveuglés par leur nombrilisme, ne prêtaient attention qu'à leurs performances individuelles sans se soucier des données relatives au travail des autres équipes et à l'impact environnemental global (par exemple le temps nécessaire à la forêt pour se reconstituer)[8].

Les personnalités narcissiques sont aussi plus susceptibles de tricher et cela s'explique par leur besoin d'être admirées, de montrer leur supériorité aux autres ainsi que par leur moindre sentiment de culpabilité dû principalement au fait qu'elles ne s'intéressent pas à l'impact de leurs actions sur les autres[9]. Le nombrilisme entretient aussi l'esprit de compéti-

8. Campbell, Bush, Brunell & Shelton, 2005.
9. Brunell, Staats, Barden & Hupp, 2011.

tion. Cette lutte pour être le meilleur se retrouve malheureusement déjà souvent sur les bancs de l'école, où l'on classe et étiquette les enfants dès leur plus jeune âge. Je ne parle pas ici de l'émulation qui stimule l'envie de bien faire, de donner le meilleur de soi en s'inspirant de modèles positifs, mais de l'esprit de compétition qui nous valorise au détriment des autres. C'est ce qu'on appelle dans la théorie des jeux, les « jeux à somme nulle » : les gains d'un camp sont liés aux pertes de l'autre camp, et la recherche du profit et la compétition font échouer tout le monde. Les recherches sur la compétition mettent en exergue ses nombreux effets négatifs. Elle nourrit nos préjugés sur les personnes que l'on ne considère pas appartenir à notre groupe[10].

Une étude récente a également montré l'effet du nombrilisme sur notre santé : les hommes dotés d'un niveau de narcissisme important présentaient un niveau de cortisol (communément appelée « hormone du stress ») plus important, indicateur d'une plus grande réactivité cardio-vasculaire négative pour la santé[11]. Au niveau psychologique, bien que le narcissisme et la dépression soient deux choses différentes, ils ont un point commun : des préoccupations importantes sur sa valeur personnelle. Plus nous sommes narcissique, plus nous nous confondons avec notre image et avons besoin de la protéger, ce qui nous rend plus fragile dès que cette image est remise en question, attaquée ou même abîmée. Aux États-Unis où

10. Sassenberg, Moskowitz, Jacoby & Hansen, 2007.
11. Reinhard, Konrath, Lopez & Cameron, 2012.

les statistiques publiées régulièrement soulignent une augmentation conjointe des niveaux de narcissisme, d'anxiété et de dépression[12], les adolescents semblent avoir dix fois plus de probabilités de souffrir de dépression que ceux de la génération précédente et les taux de suicide dans cette population ont triplé[13]. Il faut bien entendu prendre ces chiffres avec précaution, mais ils n'en doivent pas moins nous encourager à réfléchir et à construire des alternatives éducatives pour mieux prendre en compte tant le bien-être de l'individu que l'harmonie du groupe.

Nombrilisme et conception de soi

Le nombrilisme est caractérisé par une tendance à se centrer de manière presque exclusive sur sa propre personne. Nous venons de voir quelques exemples de nombrilisme narcissique, où nous sommes prisonniers d'un sens exagéré de nos qualités, mais le nombrilisme existe tout autant lorsque nous nous préoccupons à l'extrême de nos défauts.

Au-delà de tous les effets potentiellement néfastes liés aux tendances narcissiques que nous venons d'explorer, le nombrilisme affecte également notre vie par la conception étroite et erronée de notre identité qu'il induit. La manière dont nous nous percevons, ce qu'on appelle en psychologie notre « conception du soi », n'est ni anodine ni neutre, elle a au contraire des

12. Smith & Elliott, 2001 et Twenge, 2000.
13. Smith & Elliott, 2001.

effets très importants sur nos vies. En psychologie comportementale, la théorie des cadres relationnels[14], s'intéresse aux différentes manières de se percevoir et aux conséquences que cela a sur nos comportements[15].

Prenez donc un instant pour compléter la phrase suivante avec une des représentations négatives que vous avez – ou avez eue – de vous-même : « Je suis... timide, trop gentil, maladroit... » Logiquement, c'est à partir d'événements et d'expériences que nous avons vécus que nous développons ces définitions de nous-même : notre environnement les a renforcées. Ces étiquettes jouent une fonction de prévisibilité, elles nous donnent l'impression d'un moi stable et cohérent qui s'inscrit dans la continuité. Quelqu'un à qui l'on a toujours dit qu'il était maladroit, qu'il cassait tout, se définira probablement comme une personne malhabile. Une personne à qui l'on a constamment dit (et de qui l'on a constamment dit) qu'elle ne communiquait pas bien, qu'elle était introvertie aura tendance à se percevoir et se définir elle-même comme « introvertie et renfermée ». Ces descriptions verbales, ces étiquettes que nous portons bien accrochées à nous ont sans surprise un effet sur notre comportement, jusqu'à influencer nos capacités. Lorsque nous sommes identifié à certaines caractéristiques, cela nous porte à accentuer ces propriétés et à nous

14. La théorie des cadres relationnels est une théorie qui se propose d'analyser de manière pragmatique les comportements humains et plus particulièrement la cognition et le langage. Elle étudie comment nous entrons en relation avec le monde au travers du langage et de la pensée, comment n'importe quel événement de la vie peut prendre un sens particulier *en relation* avec son contexte.

15. Villatte & Monestes, 2010.

rigidifier, avec pour conséquence de devenir moins ouvert à l'expérience du moment que voyons à travers ces verres déformants.

Une personne qui se définit comme introvertie aura tendance à éviter les contacts sociaux, tout comme quelqu'un qui se définit comme maladroit évitera toutes les situations où il pourrait développer son talent, se conformant à la description qu'ils se renvoient d'eux-mêmes. En réalité, nous ne nous comportons que très rarement en contradiction avec les règles qui définissent cette conception de nous-même, et, si nous le faisons, nous ne retenons du reste que ce qui confirme notre étiquette. Dès lors, si une personne considérée comme introvertie se retrouve à l'aise en situation de conversation sociale, elle risque d'en retenir et d'en rapporter uniquement les éléments qui viendraient appuyer sa croyance : le fait qu'elle a peu parlé aux autres au début ou que sa conversation n'intéressait pas un des convives, par exemple.

Ce sens de soi conceptualisé est intimement lié au contenu de l'histoire que nous nous racontons et à ce que les autres nous ont dit sur notre vie. C'est ce que l'on appelle le « moi narratif » : il contient l'ensemble des mémoires, pensées, émotions, sensations, impulsions que nous avons intégrées, réunies en une sorte d'image stable de nous-même. C'est un récit qui nous sert de cadre pour donner du sens à nos pensées et comportements. Bien sûr, ce récit nous semble vrai et familier puisque nous l'entendons et le répétons depuis longtemps.

Nous parlons d'une « conception du moi comme contenu » *lorsque* nous nous identifions aux descriptions verbales des contenus de nos expériences. S'identifier au contenu d'une expérience n'est pas toujours un problème, spécialement quand cette expérience est neutre ou positive. Mais, même dans ce cas, elle peut le devenir, si ce contenu limite notre vie.

Thierry m'a raconté comment l'étiquette du « bon garçon qui réussissait tout » avait été difficile à porter pour lui. Cela l'avait rendu extrêmement exigeant envers lui-même. Il se sentait toujours sous pression pour ne pas décevoir son entourage et avait le sentiment de ne pas avoir le droit de parler de ses états d'âme (doute, tristesse, anxiété...) considérés comme des « faiblesses ». Il était malheureux dans son métier de banquier (dont ses parents étaient si fiers), mais ne voulait pas en changer pour ne pas les peiner.

Un autre problème de cette conception de soi comme contenu est qu'elle nous fragilise : plus nous sommes identifiés à un titre, une position sociale, une situation financière, plus nous sommes à la merci de ce qui viendra les menacer. Si nous limitons notre identité à « quelque chose » que nous possédons, à un rôle social que nous jouons, non seulement nous le protégeons, mais nous nous sentons très mal s'il est remis en question.

Nous avons également tendance à confirmer et à renforcer les conceptions de soi en ne portant attention qu'aux éléments de l'environnement qui viennent les conforter.

Le biais de confirmation

Il est très intéressant de voir comment nos points de vue se confirment et se renforcent indépendamment des informations objectives de l'environnement[16]. C'est ce que l'on appelle en psychologie le « biais de confirmation », et il a depuis été mis en évidence dans de nombreuses expériences.

Une équipe de chercheurs de l'université de Stanford, en Californie, a étudié comment nous interprétons les informations de notre environnement en fonction de nos croyances. L'expérience, menée aux États-Unis, a été construite autour d'un thème suscitant de fortes controverses : la peine de mort. Les chercheurs ont recruté des sujets avec des opinions bien tranchées sur la question et les ont divisés en deux groupes selon qu'ils se prononçaient pour ou contre la peine capitale. Tous les participants recevaient le compte rendu de deux études scientifiques fictives, dont l'une soutenait les mérites et l'autre les désavantages de cette sentence, et ils devaient expliquer si cela changeait leur manière de voir. Ensuite, ils recevaient le détail de ces études, avec la procédure et la méthodologie utilisées. On leur demandait alors d'évaluer si, à leurs yeux, la recherche avait été bien menée et dans quelle mesure elle leur semblait convaincante. Les résultats ont montré que non seulement les participants changeaient rarement leur opinion initiale après la première étape, mais qu'en plus leur croyance se

16. Lord, Ross & Lepper, 1979.

trouvait plutôt confirmée à la fin de l'expérience. On a également mis en évidence que les participants notaient plus favorablement les études allant dans le sens de leurs croyances que les autres. Pour une même étude en faveur de la peine de mort, un participant soutenant cette idée, pouvait dire : « L'étude a été bien pensée, les données collectées de manière valide et ils ont pu répondre à toutes les critiques », alors que celui opposé à cette peine commentait : « Les preuves apportées sont sans valeur, il manque de nombreuses données. » Les participants trouvaient chaque fois des arguments allant dans le sens de leur idéologie tout en négligeant les éléments contradictoires.

Nos croyances ont aussi des effets sur nos actions, des plus banales aux plus cruciales. Ainsi, une personne « maladroite » qui a appris à jongler continuera à se considérer comme malhabile et à ne regarder que les balles qu'elle laisse tomber. La vraie question, au final, n'est pas de savoir si cette opinion est fondée ou non, mais de nous rendre compte de l'effet de cette image, bien souvent réduite et rigide. La cohérence que nous donnons à notre histoire est de toute façon arbitraire. Attention à ne pas penser que si nous avons tendance à préserver la représentation que nous avons de nous-même (quand bien même celle-ci risque de nous limiter et de nous faire souffrir), c'est par choix ou envie de souffrir, voire par complaisance envers nos limitations, comme je l'ai parfois entendu. De nombreux facteurs déterminent ces représentations, et notamment notre histoire, notre éducation ou la culture dans laquelle nous vivons.

Marion, jeune maman célibataire, a l'impression d'avoir été sans cesse abandonnée tout au long de sa vie, et son sentiment venait de se renforcer après une récente rupture. Cette conviction la limitait dans sa vie affective : elle n'en devenait que plus suspicieuse, demandait énormément d'attention et accordait beaucoup de crédit au moindre signe de désintéressement de ses partenaires. Son exigence à être rassurée et ses demandes multiples d'engagement ont plusieurs fois contribué à compliquer ses relations. Elle a également mis fin à certaines de ses histoires dès qu'elle ressentait la moindre distance afin de ne pas risquer de se faire abandonner.

Cette manière de reconsidérer l'environnement et de vivre en fonction de nos croyances peut aussi affecter la perception de notre santé, tant mentale que physique. On connaît tous dans notre entourage une personne plus ou moins hypocondriaque, qui interprétera le moindre inconfort comme le symptôme d'une maladie grave, avec pour conséquence beaucoup de stress et de renoncement à prendre part à telle activité ou à tel événement. Les personnes dépressives ont également tendance à se focaliser sur les événements et les informations qui accentueront leur impression de mal-être et à écarter de leur esprit tout élément plus optimiste[17]. Enfin, les gens atteints de paranoïa vivent une autre forme, extrême, du biais de confirmation, dans laquelle où que l'on soit, on pense que des personnes épient notre vie, et tous les

17. Beck, 1976.

hasards et coïncidences de la vie deviennent des confirmations de l'hypothèse paranoïde.

Alice a une conception d'elle-même très réductrice. Elle se voit comme une fille avec qui les garçons veulent uniquement s'amuser. Cette croyance l'amène à ne pas s'intéresser à ceux qui lui proposent simplement une sortie, car selon elle, tout ce qu'ils cherchent, c'est un prétexte pour la mettre dans leur lit. Et paradoxalement, elle se sent plus en confiance avec des hommes plus manipulateurs qui lui promettent directement monts et merveilles (mariage, stabilité...), mais dont les actes ne s'accordent pas aux paroles. C'est ainsi que sa piètre image d'elle-même et des hommes ne cesse de se confirmer et de se renforcer au fur et à mesure de ses mésaventures.

L'investissement en nos croyances

Imaginons que d'un seul coup, comme par magie, vous vous défaisiez d'une étiquette qui vous colle depuis longtemps à la peau. Vous étiez le timide de la famille, et vous voilà maintenant volontaire pour aller demander votre chemin aux inconnus dans la rue, et le premier à déclarer vos sentiments quand c'est important. Que se passerait-il ? Eh bien, étonnamment, cela commencerait par créer un sérieux malaise, tant chez vous que chez les autres.

L'image que notre entourage a de nous lui permet de mieux prévoir nos réactions et comportements. Si nous ne nous comportons plus en conséquence, nous venons troubler des repères rassurants. Le fait que le sentiment d'identité des uns soit souvent lié à celui des autres (Je suis le « gentil » car elle est l'« enquiquineuse ») peut également créer des résistances au changement.

Souvent, nous avons investi beaucoup de temps et d'énergie dans ces identités. Une fois une croyance installée, nous avons tendance à la conforter et à la confirmer de manière rigide, qu'elle soit positive ou négative. Tout comme dans l'expérience décrite précédemment, nous allons sélectionner l'information cohérente avec cette vision, quitte à déformer la réalité pour qu'elle lui corresponde. Plus nous avons investi dans nos croyances, plus elles viennent de loin et sont ancrées en nous, et plus il nous sera ardu de les remettre en cause, surtout si elles ont été douloureuses. Les abandonner signifierait pour certains avoir souffert pour rien. C'est le même mécanisme à l'œuvre avec nos choix : quand on se sépare, on a souvent tendance au début à noircir toute la relation en ne retenant que les éléments à même de justifier notre décision.

Le mécanisme des ventes pyramidales est un autre exemple qui repose sur ce procédé : une fois que nous sommes engagés, nous ne voulons plus écouter les informations qui viendraient mettre ce choix en question. Et plus nous sommes – et avons – investi(s) financièrement et émotionnellement, plus le retour en arrière devient difficile et prend du temps. Ce mécanisme est utilisé par les organisateurs d'escroqueries financières : une fois l'argent investi dans l'espoir d'un gain rapide, les « victimes » sont engluées dans la toile d'araignée et essaient même d'y entraîner d'autres personnes. Les organisateurs en demandent toujours plus en faisant miroiter des récompenses supplémentaires. Et, plus les personnes ont investi (et donc plus il y a à perdre si cela ne fonctionne pas), moins elles prennent conscience de l'arnaque.

> Yves part en Inde avec un ami pour les vacances. Des escrocs les approchent et leur proposent de participer à une « affaire » en or : dans un premier temps, ils doivent débourser une certaine somme pour prétendument faire livrer des bijoux (qui seront envoyés à une boîte postale) à un acheteur en France. Celui-ci les remboursera et leur remettra une commission de plusieurs milliers d'euros. En dépit des avertissements, ils s'engagent dans l'aventure et financent leurs nouveaux amis. De retour au pays, pendant des semaines, Yves essaiera de retrouver la boîte postale (factice bien évidemment) où les bijoux devaient lui être envoyés, en vain.

Un autre processus très puissant qui se manifeste dans ce type de situation est l'autojustification, très bien décrite par le psychologue américain Leon Festinger. Sa théorie de la dissonance cognitive, développée dans les années 1950, a permis de décoder cette mécanique. Selon lui, quand nous sommes confrontés à des cognitions (croyances, pensées, opinions) inconciliables ou contradictoires, nous sommes face à un tel inconfort mental que nous sommes prêt à tout pour le diminuer. Prenons l'exemple de quelqu'un qui fume deux paquets de cigarettes par jour alors qu'il sait par ailleurs que cela nuit à sa santé. Une manière simple de résoudre l'inconfort pourrait être d'arrêter de fumer, mais si la personne a essayé en vain, elle développera toutes sortes de justifications comme « Il faut bien mourir de quelque chose », « Jeanne Calment fumait et elle a vécu plus de cent ans » ou « Ce n'est pas aussi mauvais qu'on le dit » pour se rassurer.

Ce mécanisme se développe fréquemment au sein de groupements sectaires. Au cours de ses recherches, Leon Festinger a poussé le zèle jusqu'à infiltrer un mouvement de ce type dont la responsable, Mme Keech, avait prédit la fin du monde pour le 21 décembre 1954. Selon elle, la côte ouest des États-Unis allait disparaître de Seattle jusqu'au Chili, mais les vrais croyants seraient sauvés par une soucoupe volante le 20 décembre à minuit. Festinger voulait savoir ce qui se passerait quand la prophétie se révélerait fausse. À l'approche de l'échéance, de nombreux fidèles quittèrent leur travail, leur logement et donnèrent tous leurs biens. Festinger prévoyait que les membres les moins impliqués dans la communauté seraient plus susceptibles de perdre leur foi dans Mme Keech, tandis que ceux qui avaient tout abandonné pour la suivre dans l'espace verraient leur dévotion et leur croyance en ses pouvoirs mystiques augmenter encore. Il ne pouvait mieux penser : quelques heures après l'arrivée prévue de la soucoupe volante, au moment où la tension était à son comble, Mme Keech annonça à ses disciples, en présence donc de Festinger, que, grâce à leur foi, le monde avait été épargné. Le groupe passa du désespoir à l'exaltation : de nombreux membres du groupe, même ceux qui n'étaient pas les plus prosélytes, appelèrent la presse pour les prévenir du miracle et tentèrent de convertir leur entourage. Plus les membres du groupe s'étaient investis dans l'aventure, plus ils avaient besoin de défendre leur cohérence. Le prosélytisme était un des meilleurs moyens de se prouver qu'ils avaient raison. Mais comme Festinger s'y attendait, les moins impliqués profitèrent de l'événement pour se détourner de la communauté.

Dans le cas de telles sectes, il est intéressant d'observer les réactions quand les prédictions sur lesquelles est bâti une grande partie du système de croyance se révèlent fausses – par exemple quand le monde échappe à une énième catastrophe annoncée ou que les extraterrestres n'arrivent pas.

Ayant vécu dans ma jeunesse dans une communauté, d'un genre certes très différent, je réalise, avec le recul, à quel point les membres du groupe avaient généralement tendance à justifier leurs actes et à déconsidérer toute information qui aurait pu discréditer leurs choix. Et pensons aux grandes idéologies qui, encore de nos jours, influencent nombre d'entre nous et même aux petites choses auxquelles on croit tous plus ou moins, comme les horoscopes, les voyants ou le calendrier maya, qui fut subitement reconsidéré par des millions de personnes en décembre 2012 avec cette annonce de fin du monde. Ceux qui y croyaient vraiment ou qui en avaient tiré profit expliquèrent que l'on avait mal interprété ledit calendrier ou que l'événement auquel on s'était attendu était en fait une transformation spirituelle « invisible ».

Soi et identité sociale

Nos conceptualisations de nous-même ont aussi un impact sur nos relations sociales. Lorsque notre identité est pensée de manière rigide et réduite, nous devenons directement très réactif à tout ce qui semble menacer notre image. Des recherches ont même indiqué que ces menaces activaient les mêmes zones cérébrales que celles touchant notre intégrité physique[18]. Selon la théorie de l'identité sociale des chercheurs en psychologie sociale Henri Tajfel et John Turner, nous souhaitons tous avoir un sentiment d'identité positif, stable et sécurisant. Cela nous amène à valoriser et à défendre ce dont elle dépend : notre groupe d'identification, nos idées et ce, parfois, au détriment de ceux qui n'en font pas partie ou n'adhèrent pas à cette idée. Dans un contexte d'hostilité entre deux parties, l'une des deux peut avoir tendance à évaluer les actions de l'autre groupe comme agressives et illégitimes et donc à justifier sa propre agressivité. C'est une des explications avancées par les chercheurs[19] pour comprendre les différences entre supporters de l'équipe d'Écosse et ceux de l'équipe d'Angleterre – qui font partie de la même nation, le Royaume-Uni –, envers l'équipe d'un autre pays lors de la Coupe du monde de football de 2008. Certains supporters anglais eurent des comportements très violents à l'égard des supporters tunisiens :

18. Eisewberger, Lieberman & Williams, 2003.
19. Stott, Hutchison & Drury, 2001.

ils voyaient en eux des « provocateurs », des ennemis contre lesquels il fallait réagir, contrairement aux supporters écossais, qui se comportèrent de manière très pacifique avec l'équipe tunisienne. Les Écossais voulurent sans doute se distinguer des supporter anglais dont le comportement était jugé indigne au sein de leur nation commune. Cet exemple met en évidence le fait que dans le cas d'une agression, les perceptions et justifications comptent aussi énormément.

Une autre étude marquante s'est penchée sur les agissements belliqueux des automobilistes. Le psychologue William Szlemko et ses collègues de la Colorado State University se sont intéressés aux causes possibles de ces comportements agressifs en voiture. Pour cela, ils ont d'abord évalué dans quelle mesure le conducteur personnalisait son véhicule (que ce soit par des housses de siège, des autocollants, un système audio plus performant, ou toute autre forme de customisation ou de *tunning*). Ensuite, ils ont noté la propension des conducteurs à exprimer leur agressivité dans l'habitacle. Les chercheurs ont montré que ceux qui personnalisaient leur voiture avaient davantage tendance à adopter une conduite agressive[20]. Plus on s'identifie à quelque chose, que ce soit une idée ou un objet matériel, plus on semble se sentir obligé de défendre cette identité.

L'autre jour, alors que par une belle journée ensoleillée, je marchais en direction de la librairie, je fus témoin d'une scène étrange en traversant une

20. Szlemko, Benfield, Bell, Deffenbacher & Troup, 2008.

grande avenue. Un piéton qui me précédait sur le passage clouté témoigna sa colère, gestes à l'appui, au conducteur d'un véhicule qui n'avait pas respecté le feu rouge. S'ensuivit un échange très fleuri de noms d'oiseaux. Une étude scientifique à ce sujet a montré que, dans la majorité des cas, et quelle que soit notre nationalité, lorsque nous insultons quelqu'un, nous ne parlons pas de ses comportements (comme, par exemple, « Vous vous êtes engagé sur la route alors que le feu était rouge ») ou de nos sentiments (« J'ai vraiment eu peur, je ne me sens pas en sécurité... »), mais nous attaquons l'identité[21]. C'est ce qui s'était passé devant moi. Or, quand nous agissons ainsi, nous réduisons l'autre à quelque chose de dégradant, d'insultant, avec le but évident de le faire réagir, ce qui se produit en général, mais ne facilite pas le règlement du conflit.

Le nombrilisme, parce qu'il nous fige, clôt notre identité à quelques descriptions limitées de nous-même, nous enferme, nous coupe des apprentissages que nous pourrions vivre et nous prive des expériences qui entreraient en contradiction avec cette conceptualisation. Cela revient à nous accrocher à l'histoire que nous nous racontons sur nous, envers et contre tout. Nous nous chosifions, nous collons à ce masque, ce costume que l'on (nous) a fait endosser au fil des années. C'est ce à quoi fait référence Lorenzaccio dans la pièce éponyme de Musset, piégé

21. Van Oudenhoven *et al.*, 2008.

par le rôle qu'il s'est donné : « Le vice a été pour moi un vêtement ; maintenant il est collé à ma peau... »

Que cette histoire soit liée au groupe auquel nous nous identifions, à notre caractère ou à notre personnalité, elle finit de toute manière par nous emprisonner. Cette identification nous fait aussi perdre de vue que nous sommes lié aux autres et à la nature. Elle nous fait croire à une entité stable, autonome, séparée du reste du monde. Cette perception nourrit nos comportements égoïstes et compétitifs qui en fin de compte se retournent contre nous. « Quand le bonheur égoïste est le seul but de la vie, la vie est bientôt sans but », écrivait avec sagesse Romain Rolland.

Deuxième partie

LES CHEMINS DE LA LUCIDITÉ

6

La tolérance

Tous les dragons de notre vie ne sont peut-être que des princesses qui attendent de nous voir heureux ou courageux.

Rainer Maria Rilke

Les parents de Clément viennent me voir, très inquiets. Leur petit garçon de 6 ans grince des dents la nuit depuis plusieurs mois, ce qui a des conséquences sur son sommeil et risque d'en avoir sur sa denture. Les parents ont tout essayé mais ne savent pas comment lui faire perdre cette « mauvaise habitude ». Après avoir parlé un moment avec lui, Clément m'explique très simplement, comme le font souvent les enfants, qu'il grince des dents à cause des fantômes qui envahissent sa chambre pendant la nuit. « J'ai beau me cacher au fond de mon lit, me dit-il, ils ne me laissent jamais tranquille. » « À quoi ressemblent-ils ? » lui demandé-je. « Je ne sais pas, car ils s'enfuient dès que j'ouvre les yeux. » Clément est assez vite d'accord avec l'idée que les fantômes ont sûrement aussi peur de lui que lui d'eux. Nous réfléchissons ensemble à un moyen de les rassurer : ce sera une de ses peluches favorites, qu'il déposera au coin de la fenêtre d'où arrivent les fantômes. À la fin de notre séance, je lui demande de m'appeler le lendemain après l'école pour me raconter comment s'est passée la nuit. Ce qu'il me raconte l'impressionne beaucoup mais ne me surprend pas : les fantômes ne l'ont pas ennuyé, il n'a donc pas eu «besoin» de grincer des dents (ce que les parents me confirment). Depuis ce jour, et cela fait près de dix ans, le grincement de dents n'est pas revenu dans sa vie.

Cette histoire n'est bien sûr pas magique : Clément a simplement appris à faire face à son anxiété autrement qu'en se cachant. Fuir nos fantômes n'est pas la meilleure stratégie pour nous en débarrasser, ils courent toujours plus vite que nous...

Dans le deuxième chapitre, nous avons vu que l'évitement de nos émotions était une défense normale pour ne pas souffrir. Cette solution ne fonctionne malheureusement pas bien, en tout cas pas à long terme, et risque même de nous nuire. Nous allons donc découvrir dans les pages qui suivent une alternative à nos comportements d'évitement, alternative que j'appellerai la tolérance. Dans son sens général, la tolérance (du latin *tolerantia,* «constance à supporter, endurance») désigne la capacité à supporter et à accepter ce que l'on désapprouve ou ce que l'on trouve désagréable. La tolérance dont il va être question dans ce chapitre concerne uniquement nos inconforts intérieurs.

En psychologie clinique, cette attitude est appelée « acceptation ». On la définit généralement comme le consentement à rester en contact avec ses expériences intérieures désagréables (émotions, sensations). De très nombreuses recherches scientifiques démontrent les bienfaits de l'acceptation pour notre santé psychologique. L'acceptation produit des effets opposés à ceux de l'évitement des émotions. Dans une de ses recherches sur l'acceptation[1], la psychologue Amanda Shallcross de l'université de Denver a réussi à mettre en évidence l'effet protecteur de l'acceptation face aux aléas de la vie. Dans la première partie de l'expérience, elle a recruté des personnes présentant des risques de dépression (notamment parce qu'elles avaient récemment vécu une difficulté importante, comme par exemple le décès d'un proche, une séparation ou un conflit important) et a mesuré successivement leurs niveaux d'acceptation et de dépression. Trois mois plus tard, elle a convoqué à nouveau les personnes et a évalué le stress vécu depuis leur dernier entretien. Puis, elle a mesuré leur degré de dépression. L'étude a montré que chez les participants dotés d'un niveau d'acceptation élevé, le niveau de dépression n'avait pas augmenté même s'ils avaient vécu un événement stressant pendant cette période de trois mois, au contraire des participants avec un niveau d'acceptation plus bas.

Tolérer ne signifie pas rechercher, apprécier ou cultiver des émotions désagréables mais simplement

1. Shallcross, Troy, Boland & Mauss, 2010.

les laisser exister. Cette attitude nous conduit à ne plus gaspiller autant d'énergie à les combattre, à les fuir ou à les réprimer. C'est bien sûr plus facile à dire qu'à appliquer, c'est pourquoi je me propose de développer avec vous différents moyens de cultiver cette tolérance et d'explorer comment elle peut nous rendre la vie plus légère.

Le désespoir créatif

Certains d'entre vous ont peut-être déjà joué avec un piège à doigts chinois. C'est un petit cylindre en rotin tressé, aux extrémités duquel on demande à la personne d'enfoncer ses index. Le défi consiste à essayer de retirer ses doigts alors que le piège les garde prisonniers. La réaction commune est d'essayer de libérer ses doigts en tirant vers l'extérieur. Mais plus on tire, plus les liens tressés se resserrent et emprisonnent les doigts. En fait, la solution consiste à arrêter de tirer puis à agir exactement à l'inverse de ce que nous dicte notre esprit : pousser ses doigts vers l'intérieur, ce qui a pour effet d'agrandir les ouvertures et de libérer les doigts !

Ce petit exemple illustre la base de l'apprentissage de la tolérance, qui consiste à abandonner ses habitudes d'évitement. Sans que la demande soit toujours explicite, la plupart des personnes qui consultent un psychiatre, un psychologue, un coach ou un thérapeute souhaitent se délivrer d'une expérience intérieure, d'une émotion (tristesse, peur...) ou en tout cas de « quelque chose » qui, selon elles, dysfonctionne. Elles veulent qu'on les libère d'un état affectif désagréable. Prenons le cas de Sara, qui a déjà, selon ses dires, « tout essayé » pour se débarrasser de sa timidité : se raisonner, se rassurer (« ça va aller, ce n'est pas si terrible ! »), éviter les situations sociales qui l'embarrasseraient, prendre des médicaments ou boire pour se détendre. Non seulement son émotion ne disparaît pas, mais elle se sent encore plus seule et moins sûre d'elle. Objectivement, les tentatives pour contrôler son inconfort intérieur ne fonctionnent pas. Imaginez sa réaction si en début de séance, on lui disait : « Non seulement votre anxiété ne va pas disparaître, mais nous allons voir ensemble comment apprendre à vivre avec. » Il n'est pas sûr que Sara soit convaincue, ni qu'elle revienne. Et pourtant, l'abandon de nos stratégies d'évitement et de contrôle est une condition indispensable à la tolérance et au mieux-être. Après avoir produit beaucoup d'efforts vains pour supprimer notre inconfort, reconnaître qu'en général ces tentatives d'évitement et ces luttes sont inefficaces est la première étape de l'apprentissage de la tolérance. Le professeur de psychologie Steven Hayes appelle cette prise de conscience le « désespoir créatif[2] ». Elle implique d'évaluer le plus objectivement possible les coûts et bénéfices de notre entêtement à lutter contre une émotion désagréable et à nous rendre compte que cela n'en vaut pas la peine.

2. Hayes, Strosahl & Wilson, 1999.

Imaginez-vous au fond d'un trou, avec comme seul outil une pelle. La stratégie d'évitement revient à creuser encore et encore pour construire un tunnel et vous échapper. Imaginez alors que plus vous creusez, plus le sol se fragilise, ce qui contribue à vous enfoncer plus profondément. Et vous voici plongé dans un trou encore plus grand et bien plus profond. Si par bonheur quelqu'un arrive pour vous sortir de là, ce que vous espérez de tout cœur, c'est qu'il apporte une pelleteuse pour vous aider à creuser votre voie de salut. Il est probable que si quelqu'un vous apporte une échelle, vous vous attendiez tellement à creuser que vous essayiez de creuser avec l'échelle ! À un moment donné, vous allez peut-être réaliser que creuser n'était pas la bonne solution et que toute l'énergie que vous avez dépensée ne vous a pas servi. Cette étape, qui peut se révéler difficile, est indispensable pour abandonner l'ancien comportement et en adopter un autre, plus efficace.

Les règles qui régissent notre monde intérieur, nos pensées et nos émotions ne sont pas les mêmes que celles du monde extérieur. Si le tic-tac de la vieille pendule accrochée au mur du salon nous ennuie, nous pouvons la mettre dans une autre pièce ou enlever le mécanisme. Mais avec nos sentiments, une seule règle prévaut, et elle nous complique la vie : ce à quoi nous résistons persiste et s'amplifie.

Je ne remets évidemment pas en question l'évitement en tant que tel mais seulement l'évitement compulsif de nos inconforts intérieurs (émotions et pensées). Comme le dit très justement la chercheuse et psychologue clinicienne de l'université d'Uppsala Joanne Dahl : « Il y a une différence entre éviter une situation dangereuse et éviter la pensée de cette situation. Le premier vous sauve la vie, le deuxième vous handicape pour la vie. »

> Prenons un moment pour nous poser ces quelques questions : Quels sont mes comportements d'évitement ? Quels sont les effets de ces comportements à long terme et quel est le coût, en termes d'énergie, de ces comportements ?

Reconnaître ses émotions désagréables

Un autre processus nécessaire pour cultiver la tolérance envers ses émotions est d'apprendre à les reconnaître et à les observer. Comparons nos émotions au temps qu'il fait, elles sont en quelque sorte la météo de nos contrées intérieures. On le sait tous, pester contre le climat est inutile, nous n'avons aucun contrôle individuel sur ce paramètre. Il est néanmoins utile d'y être attentif pour s'habiller en fonction de la température, emporter un parapluie ou des lunettes de soleil. Sur la route, c'est la même chose : si les flocons tombent en rafales, j'ai beau vouloir qu'il ne neige pas, je dois néanmoins ralentir, voire m'arrêter, pour préserver ma sécurité. De la même manière, reconnaître le temps qu'il fait à l'intérieur de nous nous permet de poser les choix les plus adéquats et de mieux diriger notre embarcation : Quelle voile descendre ? Comment orienter mon bateau en fonction du vent ? Reconnaître ses émotions, cela veut dire être capable de les identifier, savoir quand nous sommes en colère, triste ou anxieux. Cela nécessite de développer l'aptitude à prendre conscience, sans jugement, de ce qui se passe en nous. Nous n'en serons peut-être pas plus détendu (dans un premier temps), mais nous y gagnerons en liberté. Il est normal de ne pas réussir à s'apaiser au moment où nous sommes stressé : nous n'avons pas été programmé pour nous relâcher quand nous nous sentons en insécurité. Si un prédateur nous menace, toute notre énergie est mobilisée pour la fuite ou la lutte, et non pour se relaxer ! D'ailleurs, se forcer à se calmer est en quelque sorte une autre forme d'évitement de notre inconfort et pour certains, une potentielle source de tension.

> Samia m'explique comment l'observation de ses émotions a changé ses relations : « Je rentre souvent très fatiguée du boulot. Avant, quand j'arrivais, confrontée au bazar que les enfants mettent invariablement dans la maison (et que je ne supporte pas), je me sentais énervée et je leur criais dessus. Depuis que je suis attentive à mes ressentis, tout – et rien – a changé à la fois : je rentre, rien n'est rangé et je me sens énervée. Mais tout s'est transformé car au lieu de crier, je m'arrête un instant, j'observe mes émotions et je propose une alternative, par exemple de ranger ensemble, et cela se passe beaucoup mieux. »

Identifier et reconnaître ses états d'âme est particulièrement important pour des émotions comme la colère, par exemple, qui nous amène souvent à réagir de manière agressive. Richard Pond et ses collègues de l'université du Kentucky[3] ont sélectionné un groupe de personnes et ont mesuré leur capacité à identifier et à décrire leurs émotions avec précision. Ils les ont ensuite suivies pendant vingt et un jours et ont évalué quotidiennement leur niveau de colère, les provocations qu'ils subissaient et leur manière d'y réagir. Les sujets qui avaient été précis dans la manière de décrire et de différencier leurs émotions (par exemple, pouvoir distinguer un état de tristesse d'un état de colère) se sentaient moins régulièrement provoqués. Ils se sont également révélés beaucoup moins susceptibles de réagir avec agressivité lorsqu'ils étaient en colère.

> Valérie me raconte : « Matéo, l'aîné de mes deux enfants, qui a 6 ans, est hyper-émotif, et j'ai eu beaucoup de mal à trouver le "mode d'emploi". Cet enfant si sensible est vraiment adorable, mais il lui arrive aussi d'avoir de gros accès de colère sans raison apparente. Avant, ces colères m'épuisaient, car j'étais "dans" la colère avec lui. J'ai d'abord pris du recul en apprenant à observer mes émotions, ce qui m'a permis de l'aider à nommer les siennes. Et, chose incroyable, les colères ont presque disparu. Hier, son frère a cassé une de ses constructions et Matéo lui a dit fermement : "Je suis fâché !" Il ne l'a pas tapé, n'a pas crié. C'était une vraie petite victoire pour moi et le chemin vers plus d'harmonie dans notre famille. »

3. Pond, R.S. *et al.*, 2012.

Hélas, lorsque nous sommes prisonniers de nos mécaniques d'évitement, il nous est souvent difficile d'identifier nos émotions, car cela revient à reconnaître et à accepter de ressentir ce que nous voulons justement éviter. Dans la vie, il est improbable que nous puissions « lâcher prise » sur commande face aux obstacles, comme le préconisent tant d'ouvrages de développement personnel. Mais en observant ce à quoi nous sommes accrochés, la lutte s'atténue et nous gagnons une certaine liberté d'action pour construire quelque chose de différent.

Je vous propose maintenant un petit exercice qui illustre combien regarder avec curiosité nos tensions intérieures est une première étape pour nous en délivrer : serrez très fort votre poing droit, vraiment fort, jusqu'à ce que cela en devienne douloureux. Ensuite, regardez votre poing et prenez simplement conscience de la tension présente dans vos doigts, dans votre poignet et qui remonte peut-être jusque dans votre avant-bras, votre coude. La plupart du temps votre poing va se desserrer simplement parce que vous « regardez » votre tension.

Apprivoiser nos états d'âme difficiles

Tolérer signifie aussi « supporter » ce que l'on désapprouve, ce qui nous fait peur. Tant que nous sommes en réaction par rapport à nos inconforts intérieurs, ce sont eux qui dirigent notre vie. L'apprentissage de la tolérance nous demande d'avoir le courage de nous exposer à ces émotions et, quand nous les avons identifiées, d'accepter de les ressentir et de passer du temps avec elles. C'est, en d'autres mots, pouvoir entrer en amitié avec elles. Quand on apprivoise un animal, on s'en approche doucement en diminuant progressivement la distance qui nous sépare de lui. C'est ce dont parle ce dialogue entre le Petit Prince et le renard :

« Si tu veux un ami, apprivoise-moi !

— Que faut-il faire ? dit le Petit Prince.

— Il faut être très patient, répondit le renard. Tu t'assoiras d'abord un peu loin de moi, comme ça, dans l'herbe. Je te regarderai du coin de l'œil et tu ne diras rien. Le langage est source de malentendus. Mais, chaque jour, tu pourras t'asseoir un peu plus près[4]. »

Nous pouvons appliquer le même principe à nos émotions et apprendre à vivre avec nos frustrations, notre anxiété, notre tristesse, à les ressentir pleinement plutôt que de tenter de nous en débarrasser. Le mieux pour s'entraîner est de commencer avec nos petites émotions désagréables afin de nous habituer à cette nouvelle attitude.

J'aime beaucoup le chocolat, que je mange pour différentes raisons : par plaisir bien sûr, mais aussi quelquefois par évitement émotionnel, quand je rentre stressé après une journée épuisante, par exemple.

4. Antoine de Saint-Exupéry, *op. cit.*

Dans ce cas-là, je l'avale en mode automatique, ce qui entraîne que j'en veux plus sans me sentir vraiment rassasié. Si je réfléchis vraiment, je ne suis même pas certain qu'en manger dans ces conditions m'apporte un réel bien-être. La première étape de l'exercice consiste à reconnaître le moment où ma main est sur le point d'ouvrir le placard. Ensuite, je retiens ma main et observe mes sentiments : « Tiens, je suis un peu tendu et je ne m'en étais même pas rendu compte. » Alors, je vais m'asseoir et passer un peu de temps avec mon anxiété et ce, d'une façon très concrète. Où se situe la tension dans mon corps ? Comment se présente-t-elle en termes de pression, de sensation, de poids, de température ? Observer comment, rapidement, mes pensées m'entraînent ailleurs pour revenir à ma sensation d'anxiété et simplement m'y connecter. À chaque respiration, un peu plus de place se libère en moi pour accueillir cette sensation. Après quelques minutes, il est alors temps de choisir d'aller – ou non – me chercher un bout de chocolat à savourer de manière consciente et délibérée. Ou à la place, d'aller lire un livre dans le jardin.

Affronter les contextes que nous cherchons à éviter

Apprivoiser nos émotions et développer ainsi notre tolérance interne nous donne l'occasion d'affronter des contextes que nous avions pris l'habitude de fuir. Or, à force d'éviter toutes les situations susceptibles de déclencher des émotions en nous, notre vie devient étriquée.

> Depuis quelques mois, Ève traverse d'importantes difficultés professionnelles sur lesquelles elle n'a aucune prise. Elle se sent très mal, victime d'une injustice de la part de ses responsables et en veut à ses collègues qui ne la soutiennent pas. Mais, plongée dans ses ruminations et son amertume, elle ne se rend plus compte à quel point toute sa vie finit par tourner autour de cette situation. Elle décide d'observer et d'accueillir tout ce qu'elle ressent sans jugement. « Après avoir pleuré pendant toute une journée, j'ai ressenti un soulagement et une liberté que je ne me connaissais plus depuis longtemps. C'est comme si j'habitais une très belle maison, mais que je m'étais emprisonnée seule dans une pièce empestée de fumée. Au lieu d'aller respirer librement dans les autres chambres pour pouvoir revenir avec beaucoup plus de souffle et beaucoup plus sereine, je persistais à m'étouffer. »

En favorisant la tolérance envers nos états intérieurs, nous gagnons en liberté : ce n'est plus le contexte qui détermine automatiquement nos comportements, nous avons le choix d'adopter des points de vue et des attitudes différentes face à chaque situation, sans restreindre notre capacité d'action ou notre puissance d'agir. Nous devenons alors plus à même d'affronter et de répondre aux événements de manière adéquate, de nous engager pleinement dans notre vie.

De très nombreuses études scientifiques ont montré comment l'acceptation permet de mieux supporter l'inconfort et la douleur, et ce même en situation de stress intense. Dans une de ces études[5], Georg Eifert, professeur de psychologie à l'université Chapman en Californie, et sa collègue Michelle Heffner ont sélectionné un groupe de sujets particulièrement sensibles à l'anxiété. Pendant deux périodes de dix minutes, ils leur ont fait respirer un air enrichi en dioxyde de carbone, gaz connu pour provoquer des symptômes physiques de panique. Les participants étaient répartis en trois groupes : un premier groupe que l'on encourageait à tolérer les symptômes en les observant, un deuxième groupe à qui l'on avait enseigné une technique de respiration pour essayer de les contrôler et, enfin, un troisième groupe sans instruction particulière. Les résultats ont mis en évidence de manière très nette que les participants du groupe « tolérance » avaient beaucoup moins de sentiments de peur et de pensées catastrophiques (du type « Je vais perdre le contrôle » ou « J'ai absolument besoin d'aide ») que dans les deux autres groupes.

Dans une autre étude marquante, Robert Zettle et ses collègues de la Wichita State University[6] ont comparé un groupe de personnes qui avaient un haut niveau de tolérance (autrement dit, d'acceptation des émotions) à un groupe au niveau d'acceptation plus bas. Tout le monde était testé sur sa capacité à supporter le froid, et devait plonger une main dans un récipient d'eau glacée (à 4 °C) et la maintenir sous

5. Eifert & Heffner, 2003.
6. Zettle *et al.*, 2010.

l'eau le plus longtemps possible en ne la retirant qu'au moment où la douleur était jugée insupportable. Sans surprise, les participants avec un haut niveau d'acceptation ont tenu en moyenne deux fois et demie plus longtemps (deux minutes et demie) que les autres (une minute). En revanche, aucune différence significative n'a été observée dans l'intensité de la douleur rapportée par l'ensemble des participants et ce alors que la durée de plongée était plus longue pour le premier groupe. Cette expérience illustre donc que l'acceptation augmente notre tolérance à la douleur mais qu'elle ne nous anesthésie pas.

Comme de très nombreux Français[7], Christine prend des somnifères. Pour des raisons de santé, son médecin lui propose de diminuer sa consommation. Mais dès qu'elle sent qu'elle ne s'endort pas, elle s'énerve, ce qui la tient encore plus éveillée et elle finit alors par prendre un comprimé. Après quelques séances, elle raconte comment elle a décidé de faire face à son inconfort. Les deux premières nuits, elle les a passées sans fermer l'œil du tout, à observer son agitation. Elle a très bien dormi la troisième nuit (sans doute en partie à cause de la fatigue), et depuis, elle ne prend plus de somnifères alors qu'elle en consommait depuis dix ans. Certaines nuits, le sommeil est moins bon. Pourtant, plutôt que de lutter, elle observe ses sentiments et sensations et en profite pour faire de la méditation.

7. Comme nous l'avons mentionné dans le chapitre 2, les Français en sont les plus gros consommateurs en Europe.

Prendre un médicament comme un somnifère, un antidépresseur ou un anxiolytique nous coupe provisoirement de nos sensations. Cela nous empêche quelque part d'expérimenter que, dans bien des situations, nous sommes sans doute tout à fait en mesure de nous exposer à nos émotions, nos angoisses ou notre dépression sans être pour autant détruit ou écrasé par elles. Bien entendu, dans certains cas, le malaise est tellement intense qu'une prise en charge médicamenteuse s'impose avant d'entamer une thérapie, ou parce que c'est la condition pour simplement tenir le coup.

Franchir la distance entre mes chaussures et moi

Les activités qui occupent une certaine importance dans nos vies impliquent la plupart du temps une part d'inconfort, qu'il s'agisse de faire du sport, de changer de mode d'alimentation, de s'occuper d'un enfant, d'une personne malade ou de lancer un nouveau projet.

> Prenons le cas de la course à pied, une activité que j'essaye de pratiquer régulièrement pour rester en forme. Vous ne me croirez peut-être pas, mais le plus ardu pour me lancer est de franchir la distance qui me sépare de mes chaussures. Pourquoi le premier pas est-il si compliqué ? Dans mon cas, il représente par exemple, après une journée de stress, le fait d'affronter mon sentiment d'inconfort par rapport à l'effort à

produire, sentiment qui augmente encore si je le compare avec les alternatives possibles (lire, manger du chocolat). La bonne nouvelle, c'est que plus je cours, moins l'effort me semble difficile, car, d'une part, j'ai apprivoisé l'inconfort et, d'autre part, les bienfaits de l'exercice commencent à se faire sentir, ce qui renforce ce nouveau comportement. Pourquoi ne pas appliquer ce principe à d'autres domaines de nos vies ?

Demandez-vous quelles sont les activités qui vous coûtent de l'énergie et créent dans un premier temps un sentiment d'inconfort, même si vous êtes heureux de vous y adonner. Pour ceux d'entre vous qui êtes parents, se lever la nuit quand les enfants pleurent ou rester près d'eux pour les endormir est un bon exemple. C'est une source de fatigue intense, et pourtant, nous nous levons et sommes satisfait.

Ce qui nous empêche d'agir réside le plus souvent dans la croyance, communément admise, que se débarrasser de nos émotions est un préalable pour pouvoir agir. Ce n'est pas la timidité ou l'anxiété qui nous empêche d'aller vers les autres. C'est le fait d'obéir à notre timidité, à notre anxiété, d'en être l'esclave. La tolérance nous apprend à accueillir ces émotions, à pouvoir les observer, les approcher, sans en avoir peur, sans chercher à les réprimer et sans les laisser nous envahir pour autant : même présentes, ces émotions ne décideront pas pour nous comment il est bon d'agir, et quelle action nous apportera une joie durable.

Vers plus de liberté

> Pour illustrer notre lutte contre l'inconfort, imaginons-nous dans une partie de tir à la corde[8] contre un monstre dont nous sommes séparés par un rideau de feu. Plus nous tirons, plus le monstre embraie à son tour et plus nous avons peur d'être emporté et de tomber dans les flammes. Lorsque nous sommes engagé dans une lutte, toutes nos ressources y sont absorbées. Il nous est impossible de nous consacrer en même temps à ce qui est vraiment important pour nous dans la vie : que ce soit pour nous occuper d'un ami ou d'un enfant, jouer d'un instrument de musique ou écrire notre prochain livre. Mais que se passerait-il si nous relâchions la corde et arrêtions de lutter ?

J'ai travaillé avec Eleni, qui avait développé une terrible phobie de l'avion. Elle avait essayé de combattre son anxiété, jusqu'au moment où monter dans un avion lui était tout simplement devenu impossible. Sa phobie l'avait alors amenée à ne voyager qu'en voiture, ce qui était encore possible pour les trajets en Europe mais lui posait des problèmes pour sa vie professionnelle qui nécessitait des voyages plus

8. Deux personnes (ou deux équipes) se tiennent à chaque bout d'une corde. Deux lignes, espacées de huit mètres, sont tracées. Une fois le jeu commencé, chaque équipe ou chaque joueur essaie de tirer suffisamment fort, pour que l'autre franchisse cette ligne ou pour faire chuter son adversaire.

lointains. Même si elle adorait son travail, elle commençait à se résoudre à devoir chercher un autre emploi faute de parvenir à résoudre son problème. Ensemble, nous avons reformulé son objectif irréaliste à la base, qui était de « ne plus avoir peur avant de prendre l'avion » en « être capable de prendre l'avion tout en ressentant de la peur ». Lors des exercices d'acceptation que je lui ai proposés, je lui ai demandé à quel animal elle pourrait associer son émotion. La peur, qui lui évoquait d'abord un énorme monstre qu'elle ne voulait même pas regarder, s'est muée en quelques séances en un lémurien, un petit primate étrange aux grands yeux, pas toujours agréable à côtoyer, surtout lorsque l'on essaie de s'en débarrasser ! Suite à ces exercices, nous avons pris un vol aller-retour sur une journée en Europe pour la confronter directement à la situation. La métaphore du lémurien était bien utile pour vérifier si elle développait réellement sa tolérance : essayait-elle de se débarrasser de lui, ou bien lui portait-elle toute son attention de manière bienveillante ? Au décollage, elle estimait son anxiété à 10 sur une échelle de 1 à 10 : tremblements, larmes, spasmes. Lors du voyage de retour, en recentrant toute son attention sur son anxiété, en acceptant de la ressentir, bien que son anxiété soit toujours à 9 sur 10 au moment du décollage, elle n'avait plus aucun symptôme apparent. Elle était même capable de nouer son écharpe ou d'écrire dans son cahier, ce qui était un test pour voir si elle était libre de ses comportements malgré la peur. Deux semaines après, elle prenait un vol long-courrier vers l'Asie. Quelques jours avant le voyage, elle me téléphona pour me dire qu'elle n'avait aucun des symptômes habituels précédant un tel déplacement. Je luis répondis de ne pas oublier que l'anxiété était susceptible de se manifester à n'importe quel moment, mais qu'elle savait maintenant comment y faire face. De Moscou où elle prenait une correspondance, elle m'envoya un message pour me dire qu'il y avait eu beaucoup de turbulences mais que tout allait bien. Depuis, elle m'a envoyé avec beaucoup d'humour la photo de ce petit lémurien avec qui elle a enfin appris à vivre. Elle a également appris qu'elle pouvait appliquer le même processus à toutes ses émotions difficiles dans d'autres contextes : consentir à les vivre afin de ne plus se sentir contrôlée par elles.

Accepter nos émotions et sensations inconfortables nous permet de ne pas réagir en fonction d'elles seules, de pouvoir agir plus librement, sans que notre attitude ne soit déterminée par elles et ce, même dans un contexte très stressant.

Prenons le cas de Sara dont j'ai parlé précédemment et qui a maintenant apprivoisé sa timidité, ce sentiment qui lui donne aussi sa grande sensibilité et sa délicatesse envers autrui. Sara n'évite plus les situations sociales : quand elle veut parler à quelqu'un dans une soirée, elle prend sa timidité sous le bras et engage la conversation. Quand on l'invite à une soirée, elle y va, accompagnée... de son anxiété. Elle a enfin décidé de ne pas attendre de ne plus ressentir d'inconfort pour commencer à vivre sa vie.

Or, on nous a souvent dit qu'il fallait d'abord se débarrasser de nos émotions avant de pouvoir agir :

parler en public quand nous ne serons plus gêné, nous engager dans une relation quand la peur aura disparu. La tolérance nous apprend à transformer ces « quand » en « et ». Être gêné et parler en public, avoir peur et s'engager dans une relation. Le principe sous-jacent de ce processus est de couper le lien automatique entre nos expériences intérieures (émotions, sensations) et nos comportements. Quand nous ne sommes plus dans l'obligation d'obéir à nos émotions, nous sommes à même de choisir le comportement le plus adapté au contexte.

« Entre le stimulus et la réponse, il y a un espace. Dans cet espace est notre pouvoir de choisir notre réponse. Dans notre réponse se trouve notre croissance et notre liberté[9]. » Ces mots appartiennent à Viktor Frankl, ce qui leur donne une saveur et un poids particuliers. Survivant de l'Holocauste, ce psychiatre a vécu la perte de ses parents et de sa femme dans les camps de concentration où il a lui-même été déporté. Confronté à cette souffrance extrême, son expérience l'a amené à conclure que personne ni aucune circonstance ne pouvait enlever à l'homme sa dernière liberté, celle de choisir.

C'est à cet espace de liberté que je me réfère, celui qui nous donne la possibilité d'agir dans le présent de la manière la plus juste plutôt que de réagir de manière automatique à ce qui nous arrive.

---

9. Consulter à ce sujet l'excellent livre de Viktor Frankl, *Découvrir un sens à sa vie avec la logothérapie*, Paris, Éd. de L'Homme, 2013.

S'ouvrir aux autres

La tolérance envers nos propres expériences a l'avantage de nous rendre plus ouvert aux personnes que nous aimons et plus tolérant face à leurs émotions difficiles. Mais elle nous rend aussi plus vulnérable : être ouvert, c'est s'exposer à être touché. Tout comme elle nous rend capable d'empathie, de compréhension, de partage émotionnel, elle nous expose aussi davantage aux blessures. Mais en même temps, vulnérable ne veut pas dire fragile. Le consentement à vivre nos sentiments quels qu'ils soient, même douloureux, nous ouvre la perspective d'une vie plus riche, plus ouverte, plus authentique.

> En ce qui me concerne, il m'a fallu du temps pour ne plus me comporter en « dictateur de la bonne humeur » avec mes proches. Cette attitude découlait sans doute de ma facilité à me tourner vers le positif, mais elle était aussi un moyen d'éviter de me retrouver confronté aux émotions moins agréables, tant les miennes que celles des autres. Aujourd'hui, j'accepte de me laisser toucher par la tristesse à certains moments, et je suis beaucoup plus ouvert à cette émotion chez mes proches, je peux mieux la comprendre. Je ne suis pas devenu quelqu'un de moins joyeux, mais ce changement m'a rendu plus flexible, plus humain et plus ouvert à quelque chose d'essentiel dans la vie : m'accepter et accepter les autres dans toute leur diversité.

Tolérer, c'est laisser exister

Saviez-vous que lorsque les vents tourbillonnants d'un ouragan atteignent plus de 300 km/h, l'endroit le plus paisible se trouve, paradoxalement, au cœur même de la tornade ? Un passager d'un vol pris dans un cyclone raconta combien, après avoir affronté les turbulences, l'avion s'était brutalement retrouvé au calme. L'endroit était, semble-t-il, d'une grande beauté : la lumière du soleil se reflétait dans les hublots et on voyait tout autour les nuages sombres de la tempête. J'imagine que c'est ce paysage que l'on pourrait visualiser une fois cette tolérance envers nos inconforts installée, et une forme de sérénité retrouvée au cœur même de nos tempêtes intérieures.

Nous l'avons vu, tolérer nos inconforts et nos états d'âme désagréables nous permet de dégager un espace d'ouverture : au lieu de réagir automatiquement à nos expériences, il nous est proposé de les observer pour ensuite tenter de choisir le comportement le plus adapté à la situation. Comme lors de tout apprentissage, le changement n'est pas immédiat. Ce qui compte, c'est de s'entraîner à repérer et à renoncer aux stratégies d'évitement pour tout vécu désagréable. Tolérer, c'est laisser exister.

> Nassim explique à ce sujet : « Le décès d'un parent proche m'avait beaucoup marqué. Je n'étais jamais parvenu à en faire le deuil. Depuis toutes ces années, je n'arrivais pas à m'habituer à la présence de ce fantôme dans ma vie, de ces souvenirs, de ces images et

de ces sentiments dont j'essayais désespérément de me débarrasser. En plus, ce fantôme apparaissait toujours au plus mauvais moment, quand je me sentais seul ou que j'étais déjà triste. En prenant le temps d'apprivoiser mes états d'âme et, après des moments difficiles, le fantôme a disparu. À la place, c'est une nouvelle fleur qui a poussé dans le jardin de ma vie. Le vide n'a pas disparu, mais je peux maintenant le regarder avec sérénité. Je me sens désormais plus riche de cette absence. »

Nous sommes prisonniers de tout ce contre quoi nous luttons, que ce soit par le refus, la fuite ou le déni, et cela dans la mesure de l'énergie que nous mettons à combattre. C'est en acceptant d'aller au cœur de nos difficultés, sans jugement, pour les observer et les traverser, que nous réussirons progressivement à nous en libérer.

Imaginez que, récemment arrivé dans votre quartier, un samedi soir, vous décidez d'inviter tous les voisins pour une petite réception chez vous. Tout se passe pour le mieux, de nombreuses personnes sont déjà arrivées et s'amusent. Quand, soudain, vous voyez Claire s'approcher de la porte. C'est une des habitantes du coin, jugée un peu bizarre par tous. Elle parle très fort, n'est pas très à cheval sur l'hygiène et s'habille de façon originale. Et puis, elle a des opinions sur tout et vous avez déjà eu l'occasion de voir que cela avait le don d'en énerver certains. Bref, vous espérez vraiment qu'elle ne va pas venir. Soudain quelqu'un sonne, c'est justement elle. Le temps de quelques secondes, différents scénarios défilent dans votre tête. Vous pourriez, bien sûr, ne pas lui ouvrir, mais dans ce cas elle ferait un scandale, votre réputation serait ruinée et votre fête ternie. Vous la laisser donc entrer mais vous la surveillez toute la soirée pour être sûr qu'elle ne vide pas le bar, qu'elle ne mette pas ses doigts dans la salade et qu'elle ne déclenche pas une dispute avec ses propos polémiques... Obsédé par sa présence, vous risquez de ne plus profiter de rien et de ne pas bien vous occuper des autres invités. Vous pourriez aussi choisir de ne pas laisser vos peurs décider pour vous. Vous ouvrez à Claire et lui souhaitez la bienvenue, elle est une habitante du quartier comme les autres. Cela ne veut pas dire que vous approuvez ses propos ni que vous appréciez son comportement. Peut-être même qu'au début vous allez être un peu tendu, mais vous pourrez vous consacrez beaucoup mieux à tous vos invités.

Une conséquence supplémentaire de lutter désespérément contre nos ressentis difficiles est que nous n'avons plus la disponibilité, l'énergie ni l'espace pour ce qu'il y a de bénéfique dans notre vie, comme les invités agréables et joyeux de l'histoire ci-dessus. Une fois nos émotions apprivoisées, nous sommes alors capables de décider de regarder et de cultiver ce qui donne du sens à notre existence, même dans les situations les plus difficiles.

Mon amie Patricia, récemment décédée d'un mélanome, m'écrivait lors de vacances à la montagne entre un scanner et une chimio, comment cette attitude d'accueil de ses émotions lui permettait de rester connectée à sa vie : « En ce moment, les émotions déferlent, je m'accroupis pour bien observer et accueillir les vagues. Mais bon, la peur est bien installée sur le canapé ! Je me suis bien amusée à être là, juste là. J'ai vu une biche de tout près, j'ai écouté les oiseaux et j'ai observé le stress des skieurs. Hier j'ai rigolé avec des copains comme quand j'avais 5 ans. »

N'est-ce pas là un changement fondamental que d'accepter de vivre avec nos sentiments inconfortables ? Quand nous les acceptons, ils cessent de diriger nos vies. Il faut certes beaucoup de courage pour affronter les dragons de nos vies, ceux dont parlait Rilke en début de ce chapitre. Mais c'est la condition pour découvrir ce qu'ils ont à nous apprendre ou à nous offrir. C'est à ce grand poète que je laisse le soin de conclure[10] : « Aussi, [...] ne devez-vous pas vous effrayer quand une tristesse se lève en vous, fût-elle une tristesse plus grande que toutes celles que vous avez vécues. Quand une inquiétude passe, comme ombre ou lumière de nuage, sur vos mains et sur votre face, vous devez penser que quelque chose se fait en vous, que la vie ne vous a pas oublié, qu'elle vous tient dans sa main à elle et ne vous abandonnera pas. Pourquoi voulez-vous exclure de votre vie souffrances, inquiétudes, pesantes mélancolies, dont vous ignorez l'œuvre en vous ? »

10. Rainer Maria Rilke, *Lettres à un jeune poète*, Paris, Grasset, 2002.

7

Le détachement

J'ai eu beaucoup de problèmes dans ma vie, dont la plupart ne sont jamais arrivés.

Mark Twain

Dans le chapitre 3, nous avons vu que la plupart des techniques recourant à une forme de pensée positive « magique » ne fonctionnaient pas pour ceux qui en avaient besoin et qu'elles pouvaient même aggraver leur cas. Partir du principe que nos pensées créent la réalité et que, dès lors, c'est en les changeant qu'on ira mieux contribue à donner à ces fameuses pensées une place centrale dans notre expérience de vie. Cela crée et renforce une mécanique qui nous rend dépendant, voire otage de nos pensées.

Loin de moi l'idée que ce que nous pensons n'a pas d'effet sur nos vies. Il semble évident que nos pensées nous influencent, d'autant plus que nous leur accordons de l'espace. Mais ce que je remets en question, c'est l'idée bien ancrée chez certains que nous pouvons et devons changer la nature de nos pensées. Beaucoup de nos réflexions surgissent de manière automatique et impactent continuellement nos émotions et comportements sans même que nous nous en rendions compte. Puisque essayer d'en devenir le maître, de les contrôler ou de les transformer ne fonctionne pas, que vous offrir comme alternatives ? Les thérapies de la troisième vague[1] proposent de prendre de la distance par rapport à nos pensées, et de nous en détacher afin de ne plus en être esclave. En d'autres mots, l'idée est de se libérer des contraintes que nous imposent nos pensées.

La nature de nos pensées

Nous pensons constamment, sans même nous en rendre compte. Allez chercher un bout de papier et un stylo et notez ce à quoi vous pensez pendant une minute. Je suis sûr que très vite, votre feuille sera noircie d'idées en tous genres. La plupart de ces pensées sont machinales : elles surgissent en fonction du contexte, de notre environnement, de notre humeur, des liens qui se créent dans notre tête. Emporté par notre esprit, nous fonctionnons en mode automatique et risquons de nous couper des capacités à faire face à des situations qui requièrent toute notre attention. Le pilotage automatique se produit en général dans nos activités routinières. Ainsi, sur la route, nous oublions

1. Cette « troisième vague » est notamment caractérisée par la place centrale des émotions et l'acceptation plutôt que l'évitement des expériences intérieures. Elle regroupe des approches comme l'ACT (thérapie d'acceptation et d'engagement), la DBT (thérapie comportementale dialectique) et autres approches fondées sur la pleine conscience. Voir la note de l'auteur à ce propos en fin d'ouvrage, p. 235.

que ce n'est pas au travail que nous nous rendons mais à l'école de nos enfants. À l'extrême, c'est l'accident par manque de vigilance : nous ne sommes plus dans l'ici et maintenant. Le premier pas pour nous libérer de nos pensées passe donc par une meilleure compréhension de la nature de nos pensées.

Quelle est la différence entre nos pensées et ce qu'elles décrivent ? Souvent, nous n'en voyons aucune et prenons nos pensées pour des faits, en oubliant que ce ne sont que des pensées.

Prenons l'exemple d'un carré de chocolat. C'est un aliment qui possède certaines propriétés : couleur, poids, texture, odeur, saveur. Il est concret, nous pouvons le respirer, le toucher, le goûter. En revanche, nos pensées au sujet du chocolat sont de simples constructions mentales, abstraites. L'objet et les pensées qui s'y relient sont deux choses différentes : nous pouvons manger un carré de chocolat, mais nous ne pouvons pas manger la pensée du chocolat, ce n'est qu'un concept dans notre tête.

On pourrait prendre bien d'autres exemples, la pensée du sport ne suffit pas à se remettre en forme ou le menu du restaurant ne nous nourrit pas ! Nos pensées fonctionnent comme des cartes très utiles pour comprendre et nous déplacer dans le monde, mais elles ne sont pas le monde. Comme dit un proverbe irlandais : « Y penser sans cesse ne labourera pas le champ. »

Prendre nos pensées au sérieux leur donne beaucoup trop d'influence sur nous. Une pensée à laquelle nous donnons du crédit, de l'importance, est à même de déclencher dans notre corps des réactions identiques à celles d'un fait réel. Nous rappeler une expérience désagréable suffit à contribuer à des changements physiques, comme une accélération de notre rythme cardiaque, une crise de larmes et nous remettre dans une situation de stress, de colère ou de tension sans qu'aucune cause objective ne soit présente. Tout comme, d'ailleurs, un souvenir joyeux peut nous transporter au paradis sans raison objective. Mais, dans ce cas, nous n'en souffrons pas. Notre cadre de référence occidental accorde énormément de poids à nos pensées et à leur contenu. Nous agissons comme s'il existait un lien de cause à effet entre nos comportements et nos pensées, comme si les pensées étaient toujours des causes directes de comportements. Nous supposons que si *x* (une pensée « négative » comme « Je ne suis pas à la hauteur ») se produit, alors *y* (une conséquence comportementale indésirable : « Je n'arriverai pas à réussir mes études ») est inévitable. Prenons l'exemple d'un élève pourtant très brillant qui en fin de terminale « a la pensée[2] » qu'il n'est pas assez intelligent pour tenter l'épreuve d'admission au cursus de son choix. Il y a fort à parier qu'il ne tentera pas le concours (comportement). En bref, « avoir la pensée » que c'est trop compliqué lui suffit, dans ce

2. J'utilise à dessein cette formulation bancale pour montrer le processus à l'œuvre quand nous sommes soumis à la dictature de nos pensées.

cas, à ne même pas tenter sa chance, et de ce fait le limite.

> « Chaque fois que je pense à la manière dont mon ex m'a traité, je sens monter en moi une colère terrible, me dit Vincent. Je revois en boucle nos derniers conflits, je réinterprète les situations et je deviens de plus en plus sûr qu'elle a profité de moi. Je dois me retenir de prendre le téléphone pour lui dire ses quatre vérités. »

Lorsque nous confondons nos pensées avec la réalité, nous leur attribuons les mêmes caractéristiques et leur permettons de prendre le pouvoir sur nos vies. Notre capacité verbale à décrire et à commenter la réalité est une donnée tellement intégrée à notre vie que nous ne la mettons jamais en question. Notre intelligence nous donne accès à un « deuxième monde », abstrait et conceptuel qui se construit en parallèle du monde réel, concret et sensible. Cette fonction d'abstraction nous a été et reste éminemment utile. C'est cette même fonction qui est en jeu dans les histoires de loup ou d'ogre que l'on raconte encore de nos jours aux enfants. La verbalisation de cette abstraction nous permet de tirer les leçons du passé (pensées, souvenirs de mésaventures avec le loup) pour se projeter dans le futur, nous en protéger ou apprendre à le chasser. Cette capacité nous permet même d'expliquer à quelqu'un qui n'aurait jamais vu un loup à quoi cet animal ressemble. À l'extrême, on pourrait même induire chez quelqu'un la peur du loup, des araignées ou d'un ogre, sans qu'il n'y ait jamais été exposé (a fortiori si cela n'existe pas). Quand il s'agit de planifier un projet professionnel, cette capacité à voyager mentalement dans le temps est un atout, mais on peut dans d'autres cas en devenir l'otage, quand un souvenir continue à nous angoisser ou que l'on stresse à l'avance pour une situation qui ne se produira peut-être jamais.

Si le monde n'existe plus qu'à travers nos pensées, nous risquons de perdre le contact avec la réalité sensible, sur laquelle nous informent nos sens. Nous nous épuiserons alors à nous battre contre des concepts, des représentations ou des croyances.

Cette confusion entre ces deux mondes, l'abstrait et le concret, nous rend plus réactif, plus rigide et limite nos possibilités. Ne vous est-il pas déjà arrivé dans une discussion animée de vous rendre compte que vous ne vous battiez plus pour quelque chose de concret mais uniquement pour avoir raison ? Ou même de complètement perdre les pédales en vous fixant sur un mot prononcé : « Comment a-t-il pu me dire ceci ? »

> Il y a quelques années, lors d'une soirée organisée par la société pour laquelle je travaillais, j'échangeais avec le directeur sur la différence entre « stratégie » et « tactique ». C'était pour moi un sujet anodin, j'en parlais donc avec beaucoup de détachement mais, ayant toujours aimé débattre, avec sans doute aussi un peu de provocation. Mon interlocuteur, qui était semble-t-il beaucoup plus fusionné que moi avec ses pensées, s'est énervé à mon encontre au point de s'emporter physiquement. Je manquais de recul à l'époque, mais aujourd'hui je suis beaucoup plus attentif au fait que la plupart des gens ont du mal à

faire la différence entre eux et leurs pensées et se sentent vexés, voire agressés, quand on les contredit, même sur un sujet complètement banal et apparemment sans importance pour nous.

Se « décoller » de ses pensées

Faire la différence entre le monde réel et celui de nos pensées est une première clef pour nous détacher d'elles. Une autre clef est de nous en distancier afin de leur faire perdre le pouvoir qu'elles ont sur nous. Cette distanciation passe par une prise de conscience du processus même de penser.

Le chercheur en psychologie Akihiko Masuda et son équipe[3] ont mené plusieurs expériences sur la distanciation. Dans une de ces recherches, il a évalué quelle était la méthode la plus efficace pour faire face à des pensées dérangeantes. Les participants étaient répartis en trois groupes : le groupe « distanciation », le groupe « contrôle des pensées » et un groupe témoin. Il proposa aux membres du premier groupe de répéter à haute voix pendant trente secondes leur pensée négative résumée en un seul mot (par exemple « Je suis vraiment nul » était résumé à « nul »). Aux sujets du deuxième groupe, il expliqua qu'ils pouvaient tenter de contrôler leurs pensées en utilisant les autoaffirmations positives ou la respiration. Ceux du troisième groupe recevaient à lire un article sur le Japon. Les résultats montrèrent que la distanciation

3. Masuda, Hayes, Sackett & Twohig, 2004.

introduite par la prononciation du mot qui résumait la pensée réduisait l'inconfort et la croyance en ces pensées, bien plus que le fait de lire un texte quelconque ou de tenter de contrôler sa pensée. Dans ce cas, la distanciation permettait d'être plus conscient des caractéristiques premières d'un mot (longueur, sonorité) et moins attaché aux émotions. En d'autres termes, le mot redevenait un simple mot !

Parce que nos pensées sont si convaincantes, nous avons tendance à les confondre avec le monde et, une fois la confusion installée, nous sommes prisonnier de cet enchaînement. Une manière de se protéger de leur emprise consiste à distinguer ce qui est observable chez une personne ou une situation (ce que l'on appelle aussi les « caractéristiques primaires ») des jugements et évaluations, qui ne sont que des réactions face à cette personne ou à cette situation (appelées « caractéristiques secondaires »).

Notez par exemple la différence entre : « Mon collègue est injuste » (jugement) et « Mon collègue n'a pas pris la parole pour me défendre à la réunion » (observation). « Cette situation ne se résoudra jamais » (jugement) ou « Je ressens une anxiété et j'ai la pensée que je ne m'en sortirai pas » (observation). Différencier les deux nous empêche de devenir prisonniers d'interprétations limitatives que nous considérons comme des réalités objectives.

Prenez maintenant une situation personnelle qui vous affecte. Essayez de distinguer toutes les caractéristiques primaires de la situation et des personnes (par exemple, la personne a haussé la voix) des jugements et caractéristiques secondaires (il m'a manqué de respect). En général, ce simple exercice contribue à faire baisser la tension et à relativiser.

Avoir des pensées ou « se faire avoir » par nos pensées

Prenez ce livre dans vos deux mains et approchez-le maintenant au plus près de vos yeux : vous ne distinguerez rien d'autre que quelques mots et, très vite, vous ne verrez plus très clair. C'est ce qui arrive lorsque nous sommes scotché à nos pensées, accroché à elles. À la longue, cette habitude crée une forme de rigidité qui entrave notre capacité à percevoir les choses comme elles sont, le contexte dans son entièreté, et à éventuellement réagir si la situation le requiert. Ce manque de flexibilité est aussi un frein potentiel à savourer notre vie dans un moment plaisant ou passionnant.

Éloignez le livre progressivement de votre visage : remarquez-vous comme l'horizon s'élargit et comme cela vous permet maintenant de voir autre chose ? C'est le même procédé pour se distancier de nos pensées : observer que nous sommes « en train de penser » nous permet de prendre du recul.

Plutôt que d'entrer dans une relation conflictuelle avec nos pensées, il est préférable de cultiver une curiosité bienveillante envers elles.

François était à la recherche d'un nouvel emploi et il vivait des moments difficiles. Je lui ai proposé d'identifier ses pensées : « De toute façon, je me sens nul et je n'y arriverai pas... », « Je me sens débordé avant même d'avoir démarré... » puis de les écrire en les notant comme des pensées : « J'ai la pensée que... » Ce qui donne : « J'ai la pensée que, de toute façon, je suis nul et que je n'y arriverai pas... » ou : « J'observe la pensée qui dit que je me sens comme débordé avant même d'avoir démarré... » « J'ai la pensée que » ou « J'observe que j'ai la pensée que » ne sont pas des formulations très naturelles, mais elles nous permettent de prendre de la distance. François m'a dit qu'après avoir pratiqué l'exercice pendant une semaine, il s'était senti beaucoup plus détaché. Ce qui lui a permis de voir plus clair et d'être plus patient.

Observer notre paysage mental avec bienveillance, que le temps soit ensoleillé ou à l'orage, crée un espace de liberté entre nous et nos pensées.

Le « top 5 de mes pensées les plus destructrices » est un autre exercice que j'aime proposer.

Pour Pascal, ce fut très efficace. Je lui demandais donc d'identifier ses pensées négatives les plus récurrentes. Quand il se disait qu'il ne valait rien, il pouvait observer que c'était la pensée numéro 3 qui revenait. Quand il se disait que, de toute façon, il finirait par échouer nous notions simplement « numéro 2 ».

Il m'avoua qu'il s'amusait finalement à voir l'une ou l'autre pensée revenir, signe qu'il n'en était plus otage. Il me confia : « J'étais sceptique, mais j'arrive maintenant vraiment à pouvoir observer mes pensées. Ce qui est frappant, c'est que ce sont souvent les mêmes, avec quelques variantes. C'est intéressant de pouvoir les reconnaître. »

Une liberté retrouvée

Considérer nos pensées comme de simples pensées est donc un chemin vers la liberté. Quand nous prenons nos pensées au pied de la lettre, nous sommes à leur merci. Quand nous mettons des lunettes de soleil, nous savons que l'environnement change légèrement de couleur. C'est la même chose avec les pensées : elles filtrent et colorent notre perception du monde. Cessons donc de croire que c'est « la vraie » couleur du monde et, au lieu d'aborder le monde uniquement à travers le prisme de nos pensées, commençons par les regarder. C'est aussi différent que de regarder à travers ses lunettes ou de regarder ses lunettes elles-mêmes.

Florence m'a raconté qu'elle se trouvait un jour presque seule au restaurant d'entreprise, endroit d'ordinaire plein de monde. Il était tard, la cantine allait fermer. Après quelques minutes, alors que la salle était silencieuse, elle prit soudainement conscience du brouhaha intérieur de ses pensées. Celui-ci était si bruyant qu'elle avait l'impression que dix personnes dînaient à sa table vide. Et, par la même occasion, elle réalisa qu'elle avait avalé la moitié de son assiette sans réellement s'en apercevoir. En rigolant, elle me dit : « J'ai eu le sentiment d'avoir passé mon temps à manger mes pensées et, du coup, je n'avais plus faim du tout ! »

Cette expérience intéressante était le fruit d'une prise de conscience soudaine de Florence du tohu-bohu que faisait son esprit. Comment y arriver ?

> Un exercice consiste par exemple à prendre conscience de nos pensées immédiates sans s'y laisser entraîner, un peu comme si nous regardions passer un train sans monter dans la première voiture. Observez le wagon de vos préoccupations, celui de vos problèmes, celui de vos projets. Fermez les yeux, concentrez-vous sur votre respiration. À un moment ou à un autre et, très rapidement au début, vous remarquerez que vous n'êtes plus « avec » votre respiration, mais que vous avez suivi l'une ou l'autre pensée. Vous avez sauté dans un wagon. Notez-le et revenez à votre respiration.

Bien évidemment, il n'y a rien de négatif dans le fait de penser et d'évoluer dans le monde de l'abstraction. C'est le fruit de nos extraordinaires capacités d'adaptation. Mais ne laissons pas nos comportements se rigidifier à notre insu.

Il vous est sûrement déjà arrivé de penser le matin que votre journée allait être désastreuse et qu'elle l'ait été, ou que vous n'étiez pas capable de décrocher le téléphone pour parler à cette satanée personne et de l'avoir laissé sonner. À prendre nos pensées trop au sérieux, nous finissons par leur obéir aveuglément.

En nous rendant compte que nos pensées ne sont que des concepts, même et surtout quand elles prétendent le contraire, nous nous en distançons. Cela a pour effet de dénouer le lien habituel entre nos pensées et nos comportements et, grâce à cela, de choisir l'action la plus adaptée à la situation, malgré les pensées présentes. Car en fin de compte, l'important ne réside-t-il pas dans nos actes, dans ce que nous faisons de nos bras et de nos jambes, quelles que soient les pensées qui nous traversent ? Regarder ses pensées comme le spectacle éphémère de ce qu'elles sont en réalité permet d'être lucide et d'accorder de l'importance uniquement à celles qui nous aident réellement à avancer.

> Naïma, jeune mère de famille avec qui j'avais travaillé cette question, m'a dit un jour : « J'ai réalisé que j'étais tellement absorbée par mes pensées en rentrant du travail que je n'écoutais pas vraiment mes enfants. Qu'ils me racontent des moments difficiles ou des expériences amusantes vécus dans la journée, la réponse était la même : "Super." En observant la situation, je me suis même rendu compte que je traitais mes deux garçons comme des jumeaux, alors qu'ils ont treize mois d'écart. Je leur parlais toujours en même temps. Mettre de la distance avec mes pensées (quel repas préparer, les courses, le boulot à finir, le repassage en attente...) m'a permis de changer mon attitude envers eux. Maintenant, je prends

du temps pour chacun individuellement et cela a enrichi notre relation. »

Et si c'était cela la solution ? Mettre de la distance entre nous et nos pensées pour mettre moins de distance entre nous et ceux que nous aimons ?.

Ne pas croire tout ce que notre tête nous raconte

Ce n'est évidemment pas si facile : nos pensées sont très convaincantes et ont plus d'un tour dans leur sac pour nous tromper. Pourrait-on s'entraîner à ne pas croire tout ce que notre tête nous raconte, à ne pas tout « acheter » ? J'utilise ce mot à dessein car nous pourrions comparer notre esprit agité à un vendeur attaché à nous persuader que nous avons besoin de tout son attirail. Et nous achetons tout, jusqu'au moment où notre habitat est tellement encombré qu'il devient difficile d'y retrouver ce que l'on cherche, de s'y déplacer et qu'il n'y a plus de place pour autre chose.

Une étude célèbre de deux chercheurs de l'université du Nevada, Bach et Hayes, a exploré ce phénomène chez des personnes souffrant de schizophrénie, une forme de trouble psychiatrique caractérisé par une perte de contact avec la réalité. Les personnes atteintes souffrent d'hallucinations et de délires et commettent parfois des actes dangereux pour elles-mêmes et les autres en suivant ce que leur dictent les voix qu'elles entendent. Même soignés avec des médicaments ciblés comme des neuroleptiques, de nombreux patients continuent à souffrir de ces symptômes et retournent régulièrement à l'hôpital. Dans l'expérience de Bach et Hayes, quatre-vingts patients psychotiques se sont vus assigner aléatoirement soit un traitement habituel, soit ce même traitement accompagné d'un court entraînement visant à leur apprendre à prendre de la distance avec leurs hallucinations[4]. Les résultats ont souligné que ces derniers avaient paradoxalement plus d'hallucinations mais qu'ils y croyaient moins, ce qui a permis de réduire de 50 % les réhospitalisations par rapport à l'autre groupe. Bach et Hayes en ont conclu que la relation à nos pensées (y croire ou pas) était plus importante que le contenu ou la fréquence de celles-ci.

> Faisons une petite expérience : Répétez-vous : « Je ne suis pas capable de mettre la main gauche au-dessus de ma tête » et, en même temps, mettez votre main à cet endroit précis. Puis dites-vous : « Je ne peux pas avancer de trois pas » tout en marchant. Ce petit exercice illustre qu'il est tout à fait possible de désobéir à nos pensées. C'est bien sûr moins évident dans le cas de pensées auxquelles nous accordons beaucoup de crédit. D'où l'importance de travailler le détachement progressivement afin de pouvoir l'appliquer quand nos pensées sont extrêmement convaincantes.

4. Bach & Hayes, 2002.

Aline, qui essaie d'appliquer la distanciation, m'a récemment raconté cette histoire :

« J'avais reçu un appel d'une de mes anciennes collègues et on s'était donné rendez vous chez moi. Je l'attends donc en fin de matinée, mais elle n'arrive pas. En début d'après-midi, elle n'est toujours pas là. Je me dis qu'elle pourrait me téléphoner pour m'annoncer son retard ou me dire qu'elle ne viendra pas. Je m'énerve parce que j'étais contente de la voir. Je suis déçue et triste. Je cherche des explications, je me raconte des histoires, j'essaie de savoir ce qui a pu se passer, je m'inquiète aussi, car je n'arrive pas à la joindre. Puis vient un moment (enfin) où je prends conscience de l'emballement de mes pensées. Je m'arrête et me mets à les observer. Je décide alors de me mettre en action et de repasser. Vers 17 heures, quand je ne l'attendais plus, la voilà qui arrive un grand sourire aux lèvres. On a passé un super moment que je n'aurais pas eu si j'avais continué à ruminer. Et, au final, j'ai compris que c'était moi qui avais mal noté l'heure du rendez-vous. »

Le bus de notre vie

Imaginez un bus, par exemple un bus anglais à impériale. Ce bus, dont vous êtes le chauffeur, est le bus de votre vie. Sur le fronton du bus est écrit, en guise de destination, ce qu'il y a de plus important dans votre vie (prendre soin de vos enfants, de votre couple, votre engagement dans une association...). Bien entendu, votre bus est tenu de s'arrêter à certaines stations où montent et descendent les passagers (qui symbolisent nos pensées, souvenirs, mais aussi les émotions et impulsions dont nous avons parlé dans le chapitre précédent). Comme dans la vraie vie, vous ne pouvez pas contrôler qui monte ni combien de temps les passagers restent dans le bus.

Au premier arrêt, des passagers montent. Ils sont agréables et souriants, comme peuvent l'être certains de nos états d'âme. Ils vont s'asseoir calmement. Au fil du chemin montent des individus bien moins amènes : ils sont agressifs, patibulaires, agités. Au lieu de s'asseoir calmement à l'arrière, certains viennent à l'avant, élèvent la voix et vous disent : « Ne va pas par là », « Tourne à gauche », « Retourne au dépôt ! »

Nous oublions souvent que ces passagers, qu'ils soient turbulents ou silencieux, n'ont pas les moyens d'affecter directement la bonne marche de notre bus. Ils peuvent seulement essayer de nous convaincre de leur obéir. Vous pouvez arrêter le bus et commencer à discuter avec eux, tenter de leur faire comprendre qu'ils ont tort ou leur ordonner de descendre. Mais cela ne fonctionne pas bien : vous risquez de vous épuiser et pendant ce temps, votre bus est arrêté. Si vous êtes fatigué ou plus vulnérable, les passagers sembleront beaucoup plus convaincants. Parce que vous aimeriez qu'ils vous laissent tranquille, vous pourriez vous éloigner de la direction que vous aviez initialement choisie. Le passager « anxiété » soutiendra qu'il ne vous laissera tranquille que si vous n'empruntez pas ce pont. Le passager « frustration » vous poussera à faire des excès de vitesse. Laisser toute la place à ceux qui font le plus de bruit ne vous laisse aucune disponibilité pour écouter les passagers plus calmes, ceux qui vous incitent à regarder le paysage, vous donnent confiance en vous, vous indiquent le chemin.

Tous les passagers font naturellement partie du voyage : le problème ne réside pas tant dans leur présence que dans le fait d'obéir à leurs exigences. Quelle est la solution ? Traiter les passagers comme de simples passagers et continuer à conduire dans la bonne direction. La curiosité bienveillante rendra le voyage moins pénible, même quand les passagers désagréables se manifesteront.

Garder la flexibilité

S'entraîner à observer nos pensées est à même d'enclencher un changement de relation avec elles, de passer d'un esclavage inconscient à une relation plus libre. La distanciation nous permet de vivre apaisé, non pas parce que nous avons gagné la guerre avec nos pensées mais parce que nous arrêtons de lutter.

Daniel, un des participants à mes groupes, avait des insomnies accompagnées de nombreuses pensées parasites et désagréables. À la fin du cours, il a témoigné qu'il lui arrivait encore d'avoir des insomnies et des pensées intrusives ; mais comme il avait arrêté de lutter et s'était distancié de ses pensées, elles lui étaient beaucoup moins pénibles. Il a étonné tout le monde en déclarant que ce n'était plus un problème pour lui.

Comme cette histoire l'illustre, ne plus croire ni adhérer automatiquement à toutes nos pensées ne nous met pas dans un état positif immédiat, mais cela contribue à ne pas laisser nos pensées contrôler notre vie.

Le détachement a pour but de nous donner plus de flexibilité, de nous rendre plus libre. S'il devient une idéologie, c'est le retour assuré, comme au Monopoly, par la case « prison ». La distanciation ne doit pas être appliquée en tous lieux et en toutes circonstances. Si vous vous réveillez le matin en vous disant : « Quelle journée magnifique ! Je me sens bien, la vie est belle ! », ce n'est pas la peine de vous forcer à prendre de la distance avec cette pensée sympathique. Abraham Maslow disait : « Si le seul outil que vous avez est un marteau, vous tendez à voir tout problème comme un clou. » Dès lors, je vous invite à considérer ce processus avec intelligence pour naviguer sur votre chemin de vie et à ne pas vous laisser enfermer dans une nouvelle habitude rigide.

> Magali a un déplacement professionnel à l'étranger qu'elle doit écourter pour raison familiale. Quand elle vient m'en parler, elle est envahie de pensées anxiogènes qui l'empêchent d'aller voir ses responsables pour leur annoncer la nouvelle : « Cela va mal se passer », « On va me demander de me justifier », « Ils ne vont jamais accepter mes explications ». Finalement, elle décide d'affronter la situation et d'expliquer son problème, et rien de ce qu'elle avait prévu ne se produit : ses explications sont prises en compte et son congé accepté. Si elle avait écouté ses pensées, elle n'aurait rien demandé et à un moment se serait emportée contre ses collègues.

Le mental, nous dit le sage indien Swami Prajnanpad, vit dans un cercle vicieux. Il crée lui-même les problèmes et essaie ensuite de les résoudre. Nos pensées bien souvent se trompent et nous trompent. Et si nous pouvions les prendre un peu moins au sérieux ?

Nasreddin[5] est en train de se reposer chez lui lorsqu'un voisin vient frapper à sa porte. « Nasreddin, Nasreddin, j'ai une bien mauvaise nouvelle à vous apporter. — Quoi donc, lui dit Nasreddin, mécontent d'être dérangé. — Votre femme vous trompe. — Ce n'est pas possible, lui répond Nasreddin, moi, l'homme le plus respecté du village, on ne me ferait pas ça. — Malheureusement c'est vrai, lui rétorque l'autre, et, pour preuve, je peux t'indiquer l'endroit et l'heure où elle rencontrera son amant ce soir. » Nasreddin va acheter un fusil et s'entraîne à tirer tout l'après-midi. Le soir venu, il se rend à l'endroit indiqué, dans une petite cour entourée d'arbres. Il en choisit un, s'installe sur une branche, puis prépare le scénario dans sa tête : « Par où vont-ils rentrer ? », « Sur qui vais-je tirer en premier ? » et ainsi de suite. L'heure avance, et les amants n'arrivent pas. Au petit matin, alors que l'heure prévue de la rencontre est dépassée depuis longtemps, le chant du coq sort Nasreddin de sa torpeur et le vent de l'aube lui souffle une révélation : « Mais je n'ai jamais été marié ! » réalise-t-il alors.

---

5. Nasreddin, ingénu et faux naïf, est un personnage mythique du monde arabo-musulman. Les histoires que l'on raconte à son sujet sont souvent d'une absurde sagesse.

8

La douceur envers soi

Ce que je vais vous dire va peut-être vous étonner.
Vous considérez que vous avez des défauts ?
Eh bien je vous propose de les aimer.
Ils sont, dans les contes,
comme le chien affamé
qui garde le château où est la belle :
si le héros lui donne à manger, il le laisse entrer.
Quand on s'occupe de ce que nous considérons
comme nos défauts, ils perdent leur nocivité.
Si nous trouvons la bonne façon de faire la paix avec eux,
nous pouvons même les mettre au service de nos projets.
Quelle délivrance quand on cesse la guerre intérieure !
Il n'y a pas de dieu, pas de diable
pour nous récompenser ou nous punir.
Nous ne serons pas jugés.

Henri Gougaud

Lorsqu'une complication surgit dans notre vie, que nous commettons une erreur ou prenons conscience de nos faiblesses et imperfections, la plupart d'entre nous posent un regard dur sur eux-mêmes. Cette attitude répond à une double logique de contrôle et de culpabilité. Dans un contexte où la culture et l'éducation valorisent la comparaison sociale et la compétition, nous avons bien du mal à accepter le fait d'être des humains par essence fragiles et imparfaits.

Si nous réduisons notre « valeur » personnelle aux objectifs que nous nous fixons, nous nous exposons aux nombreuses conséquences indésirables de la poursuite de l'estime de soi que nous avons explorées au chapitre 4. Lorsque nous sommes confronté à nos propres limites, que nous nous sentons en difficulté ou en échec, nous réagissons souvent très durement contre nous-même. En général, dans ces moments-là, nous nous sentons aussi très isolé, ce qui intensifie notre malaise. Nous oublions que nous sommes fragile et que l'imperfection et l'échec sont des expériences communes à l'humanité tout entière.

La fragilité, par définition, caractérise ce qui est vulnérable, précaire, qui peut facilement être brisé. Particularité commune à tout être vivant, elle s'applique particulièrement bien à nous, les humains. En effet, par nature, nous sommes voués à tomber malade, à vivre des moments de difficultés, d'instabilité. Dans les premiers mois et années de notre vie, nous dépendons complètement des soins de nos parents et des autres adultes qui nous entourent. Et, au soir de notre existence, nous nous retrouvons également souvent dans un état de faiblesse extrême qui nécessite de nous laisser soigner, de nous abandonner. C'est une des conditions de l'existence. Nous aurons tous des périodes de déséquilibre et d'incertitude, elles font ou feront partie de notre vie, avec ou malgré nous. Sans que nous en soyons forcément conscient, la poursuite effrénée de l'estime de soi nous conduit à tenter d'ignorer ou à masquer nos vulnérabilités.

Dès lors, quel autre type de rapport à nous-même apprendre à cultiver ? Nous allons découvrir dans ce chapitre une relation qui n'implique pas d'évaluation de sa propre valeur et nous permet de sortir du piège de la poursuite de l'estime de soi.

Une grande majorité d'entre nous considère le fait d'être empathique et ouvert avec autrui comme une qualité importante. La sympathie, l'altruisme et la générosité sont également considérés de plus en plus comme des vertus sociales fondamentales. Mais qu'en est-il de notre relation avec nous-même ? Comment se comporter avec autant de douceur tant envers soi qu'envers les personnes qui nous sont chères ?

> J'ai rencontré beaucoup de mamans qui voulaient plus que tout au monde que leurs enfants aient une vie heureuse, qu'ils prennent soin d'eux-mêmes, ne se fassent pas manipuler, ne se sacrifient pas pour les autres et puissent être heureux. Pourtant, beaucoup parmi elles se révélaient très dures envers elles-mêmes, très peu compatissantes envers leurs propres faiblesses et difficultés. Or nous avons beau dire à nos enfants : « Sois gentil avec toi-même », si nous leur montrons le contraire, ils retiendront davantage nos comportements que nos discours. C'est d'ailleurs souvent ce qui conduit ces mamans à changer d'attitude : conscientes que la douceur envers elles-mêmes a un impact positif sur les autres, et notamment sur leurs enfants, elles réalisent aussi en quoi cette douceur est également tellement précieuse pour elles-mêmes.

Carl Gustave Jung aurait dit : «Nourrir ceux qui ont faim, pardonner à ceux qui m'insultent et aimer mon ennemi, voilà de nobles vertus. Mais que se passerait-il si je découvrais que le plus démuni des mendiants et le plus impudent des offenseurs vivent en moi et que j'ai grand besoin de faire preuve de bonté à mon égard, que je suis moi-même l'ennemi qui a besoin d'être aimé ? Que se passerait-il alors... ?»

La douceur envers soi fait appel à une capacité réflexive de compréhension et de bienveillance lorsque nous sommes confronté à nos faiblesses, à des difficultés ou à des doutes. Kristin Neff, de l'université du Texas, est une des chercheuses grâce à qui la douceur envers soi, qu'elle appelle «autocompassion», a été étudiée scientifiquement. Trois aspects la caractérisent à ses yeux : la bienveillance envers soi-même, la reconnaissance de son humanité commune et l'accueil de la totalité de ses expériences intérieures sans jugement. La douceur envers soi n'est pas fondée sur l'évaluation de notre propre valeur mais sur l'attitude douce et compassionnée, et non dure et critique que nous nous portons dans nos moments de creux. La douceur envers soi nous amène à percevoir les revers et problèmes de la vie ainsi que les émotions désagréables qui les accompagnent comme faisant partie de l'expérience humaine : ils sont partagés par chacune et chacun d'entre nous à un moment ou à un autre. Elle nous connecte à notre commune humanité, en nous rappelant que nous sommes tous imparfaits.

> «J'ai depuis toujours été considéré comme le fils parfait, me dit Igor. J'en ai beaucoup souffert. Pen-

dant toute ma jeunesse, j'étais terrifié à l'idée de décevoir mon père. Je n'étais vraiment pas indulgent avec moi. Rien de ce que je faisais ne semblait assez bien à mes propres yeux. J'étais continuellement tendu, physiquement et émotionnellement. Aujourd'hui, j'accepte mes petites et grandes imperfections et me considère avec plus de douceur. Je sais que je commettrai encore des erreurs, que je serai parfois déçu, mais ma relation avec moi-même est devenue tellement plus fluide ! »

La dureté envers soi

Les origines de cette exigence et de cette dureté envers soi sont multiples : la culture de compétition dont nous avons parlé au chapitre 4 tout comme le narcissisme contribuent à nous rendre exigeant. L'éducation et les messages critiques parentaux ont bien évidemment également leur responsabilité[1] : enfants, nous avons énormément appris des relations avec les adultes qui ont compté le plus à cette période, notamment les parents proches et les enseignants. Au niveau social, les messages transmis par notre culture ont aussi toute leur importance. En Occident, on considère la douceur envers soi de manière assez péjorative et on suppose qu'il est bon d'être dur avec soi-même. On estime que l'autocritique nous maintient dans le droit chemin. « Qui aime bien châtie bien », nous dit même un proverbe. C'est certainement la

1. Neff & Vonk, 2009.

raison majeure pour laquelle les gens sont si peu compatissants envers eux-mêmes. Lorsque je pose la question autour de moi, la plupart des personnes non informées sur le sujet associent à cette douceur envers soi l'autocomplaisance et le laisser-aller.

Différence entre estime de soi et douceur envers soi

L'estime de soi est fondée sur une évaluation positive de son sentiment de valeur personnelle, sur une représentation de soi qui est favorable. En revanche, la douceur envers soi, appelée aussi « compassion pour soi », n'implique pas d'autoévaluation. C'est plutôt une forme de conscience ouverte qui embrasse tous les aspects de notre expérience, même les plus difficiles. Pour cette raison, les individus animés de douceur envers eux-mêmes sont moins soucieux de défendre leur ego que ceux qui sont dotés d'une forte estime d'eux-mêmes. Cette attitude les ouvre, par exemple, à mieux accepter un sentiment comme celui de ne pas être à la hauteur en le vivant sans jugement, avec humilité et acceptation.

La douceur envers soi favorise aussi le lien social et le sentiment d'une commune humanité. Alors que la poursuite de l'estime de soi repose sur la valorisation de l'excellence de l'individu, et donc sur sa différenciation d'avec les autres, la douceur envers soi nous propose au contraire de reconnaître que le sentiment de ne pas être à la hauteur est un sentiment universel. Elle nous amène à nous centrer sur les similarités avec autrui plutôt que sur les différences. La poursuite de l'estime de soi est liée à notre sentiment de valeur personnelle, à l'atteinte d'objectifs, ce qui nous rend dépendant de facteurs que nous ne contrôlons pas. À l'inverse, la douceur envers soi s'applique encore plus justement dans les moments où la vie ne va pas si bien, ce qui entraîne moins de dépendance et une plus grande stabilité et résilience par rapport aux circonstances extérieures.

Différentes études ont comparé les effets de la douceur envers soi et de l'estime de soi. Les recherches de Kristin Neff notamment suggèrent que la douceur envers soi préserve des effets délétères de la poursuite de l'estime de soi[2]. Les personnes plus indulgentes envers elles-mêmes se comparent moins aux autres et sont donc logiquement moins gênées par le regard social. Elles ruminent moins sur elles-mêmes et ressentent moins le besoin d'avoir raison. Contrairement à l'estime de soi, la douceur envers soi n'est pas liée au narcissisme. À titre d'exemple, dans une étude où l'on demandait aux participants de penser à leur plus grande faiblesse, on a remarqué que, contrairement à l'estime de soi, la douceur envers soi protégeait contre l'anxiété que cet exercice pouvait provoquer[3].

La douceur envers soi répond donc aux principaux problèmes causés par la poursuite de l'estime de soi, ceux que j'ai soulevés dans le chapitre 4 et qui portaient notamment sur notre psychisme et nos relations aux autres. Un grand nombre d'études soulignent

2. Neff, 2011.
3. Neff, Kirkpatrick & Rude, 2007.

que la douceur envers soi est associée à de meilleurs indicateurs d'une bonne santé mentale comme plus de satisfaction dans la vie, un sentiment d'être plus connecté aux autres, ainsi que moins d'autocritiques, de ruminations, d'anxiété, de dépression ou de perfectionnisme. Cette douceur conduit aussi à plus d'optimisme, de curiosité et d'initiative personnelle[4].

Dans les prochains paragraphes nous allons explorer ensemble, en nous appuyant sur diverses recherches scientifiques, quelques bénéfices de la douceur envers soi dans de nombreux domaines de nos vies.

Douceur envers soi et image de soi

La dureté et la critique envers nous-même s'expriment potentiellement dans tous les domaines de notre vie. Dans une société obsédée par l'image, et en particulier par celle que nous renvoyons aux autres, notre poids et notre silhouette sont devenus une des obsessions majeures de nos contemporains. On retrouve d'ailleurs systématiquement un ou deux livres de régimes dans les classements de best-sellers. Quand on essaie de perdre du poids, on vit souvent des émotions difficiles liées à l'image de soi. Céder à une tentation suscite aussi des émotions très désagréables et favorise des jugements et des critiques envers soi («Je suis nul», «Je n'ai aucune volonté», «Je n'y arriverai jamais», etc.). Le cercle vicieux s'enclenche alors : nous mangeons davantage pour essayer d'atté-

4. Neff & Vonk, 2009.

nuer les émotions négatives et la culpabilité suscitées par le fait de ne pas avoir pu nous retenir. Une étude très intéressante a été réalisée à ce sujet il y a quelques années par les psychologues Claire Adams et Mark Leary[5]. Les chercheurs ont sélectionné des personnes qui suivaient régulièrement des régimes. Dans un premier temps, ils leur ont demandé de manger un aliment qui leur était interdit pendant leur diète : il s'agissait d'un beignet, aliment gras et sucré et ennemi juré de la plupart des diététiciens. Après cette première étape, on servait aux participants trois bols remplis de sucreries différentes, et on leur assignait la tâche d'évaluer le goût de chaque type de sucrerie. On leur demandait de goûter au moins un bonbon de chaque type, mais on précisait aussi qu'ils avaient le droit d'en manger autant que souhaité. Les contenants avaient été préalablement pesés pour pouvoir évaluer la consommation individuelle. Avant cela, le chercheur encourageait la moitié des sujets à ne pas se sentir mal et à ne pas se juger pour cette entorse à leur régime, alors que l'autre moitié ne recevait aucun commentaire. L'étude a indiqué que les personnes invitées à faire preuve d'autocompassion mangeaient significativement moins de bonbons que les autres. La douceur envers soi semble donc dans ce cas réduire le stress et atténuer le phénomène de compulsion induit par le sentiment d'échec lié à l'ingestion du beignet. Empreints de douceur envers nous-même, nous apprenons à accueillir avec plus de douceur les ressentis pesants associés à notre image.

5. Adams & Leary, 2007.

La maman d'Aurélie a toujours été très critique, tant envers son propre physique que celui de sa fille : « Nous avons vraiment de gros mollets et de vilaines mains dans la famille, c'est vraiment moche. » Aurélie ne s'habille qu'en pantalon ou robe longue et évite toute situation où l'on pourrait voir ses jambes, comme le sport. Elle n'aime pas ses mains et, pour cette raison, ne les soigne pas. L'auto-compassion lui a permis d'observer avec plus de douceur les jugements qu'elle porte envers elle-même. Si elle est toujours insatisfaite par moments, Aurélie ne cache et ne maltraite plus son corps, au contraire, elle commence même à prendre soin d'elle en allant au hammam avec des amies une fois par mois.

Douceur envers soi et relations

À l'inverse de la poursuite effrénée de l'estime de soi qui risque de nous éloigner de nos proches en nous mettant en concurrence, en nous comparant, la compassion pour soi améliore nos relations. Des études scientifiques américaines ont notamment montré que cette caractéristique permettait de mieux gérer les conflits et qu'elle améliorait les relations de couple. Certains chercheurs ont avancé l'hypothèse que la douceur envers soi désactivait le système de défense associé à l'insécurité et mettait en route le système d'affiliation, associé aux relations avec les autres et à l'affection. La douceur envers soi est reliée au soin et à la communion, là où l'estime de soi est plutôt en rapport avec la compétition et une évaluation de l'infériorité/supériorité qui a trait au rang social[6].

Johanna a été élevée dans une famille perfectionniste. Ses parents avaient des exigences personnelles extrêmement élevées : « Quand on fait quelque chose, c'est pour le faire bien, sinon cela ne sert à rien de commencer », avaient-ils coutume de dire. Durant toute sa jeunesse, elle a vécu dans la crainte de ne pas répondre à leurs attentes, de les décevoir (ce qui est arrivé quelques fois). Elle a eu l'impression que ses parents ne l'aimeraient que si elle satisfaisait leurs critères de réussite. Le résultat a été une très grande exigence envers elle-même, mais aussi envers les autres : Johanna a constamment douté d'elle-même en raison des jugements sévères qu'elle se portait sans accepter ses limites. La moindre erreur était pour elle une cuisante défaite. Aujourd'hui, la compassion l'aide à reconnaître ses imperfections et ses limites. « En devenant plus douce avec moi, je suis devenue plus tolérante avec les autres et cela a changé ma vie. Je ressens moins de stress, je vis moins de conflits et cela ne m'empêche en rien de bien faire mon travail. Aujourd'hui, j'accepte plus facilement la critique – même si cela continue à être douloureux – et je ne m'enferme plus dans la honte et la culpabilité. Je suis du reste beaucoup moins souvent insatisfaite. »

Que ce soit dans notre vie de couple, en famille ou au travail, il arrive régulièrement que nos besoins se heurtent à ceux des autres. J'aspire à des soirées

6. Gilbert, 2005.

calmes et mon conjoint aime que nous sortions, j'ai besoin de sécurité et d'affection et lui de liberté, j'aime l'ordre et mes enfants sont très créatifs : cette liste n'est pas exhaustive, vous pouvez la compléter à l'infini. Une étude scientifique de l'université de Californie du Sud réalisée sur plus de cinq cents participants a pris pour cadre ces moments où nos besoins sont en opposition avec ceux de notre entourage. Ce type de situation connaît trois types d'issue : faire passer nos besoins en premier, s'oublier ou trouver un compromis. L'étude a mis en lumière que la compassion pour soi s'accompagne d'une plus grande authenticité dans la relation, plus de compromis, moins d'agitation émotionnelle et un plus grand bien-être relationnel[7].

La douceur envers soi facilite donc les relations mais elle permet aussi de mieux gérer les conflits en favorisant l'ouverture, l'affection et la tolérance envers notre conjoint, caractéristiques qui apparaissent comme essentielles pour une relation de couple épanouie. Elle nous aide à accepter plus facilement les limites et les défauts d'autrui. En revanche, avoir peu de compassion pour soi nous rend très critique envers nous-même et envers les autres, nous enferme dans une forme de nombrilisme et nous coupe des autres. Ce lien entre la compassion pour soi et la gentillesse envers l'autre a été confirmé par la spécialiste du domaine, Kristin Neff[8]. Dans une de ses recherches, les personnes dotées d'un haut niveau de

7. Yarnell & Neff, 2013.
8. Neff & Beretvas, 2013.

compassion pour soi étaient décrites par leur partenaire comme plus affectueuses, attentionnées et tolérantes à la différence de celles qui avaient peu d'indulgence envers elles-mêmes, qui étaient présentées comme plus autoritaires, cherchant à tout contrôler et peu ouvertes à la différence.

De plus, les personnes qui manquent de douceur envers elles-mêmes, parce qu'elles restent fixées sur leurs émotions désagréables, (comme par exemple la colère ou l'anxiété), ont tendance à être très réactives en cas de conflit avec leur partenaire, en étant notamment agressives verbalement.

> Olivier et Sandra ont trois enfants. Comme de nombreux autres couples, ils n'ont pas les mêmes standards ni les mêmes attentes pour la propreté de la maison ou l'éducation des enfants. Quand la petite n'est pas directement changée après avoir régurgité ou que son pantalon n'est pas assorti à son gilet, le conflit ne tarde pas et se prolonge en justifications, reproches et critiques. En travaillant la douceur envers eux-mêmes, ils se sont aperçus que s'ils restaient braqués sur leur vision de « la bonne manière » d'élever les enfants, de cuisiner ou de ranger, et s'ils exigeaient de l'autre de se conformer à ces standards, leur vie allait très vite dégénérer au fil des disputes incessantes.

Par rapport à l'estime de soi, la compassion pour soi favorise plus d'attention à l'autre, plus de satisfaction dans la relation et implique moins de comportements de déni et d'agression verbale. Cela tend à montrer que, contrairement aux idées reçues, l'estime de soi ne semble pas être un facteur central dans la qualité des relations. Et ce alors que de très nombreuses personnes pensent que c'est leur « problème d'estime d'elles-mêmes » qui les empêche de vivre des relations épanouies. Comme nous l'avons vu dans le chapitre 4, c'est en fait la quête excessive d'estime de soi, et non l'estime de soi, qui est à questionner. De très nombreux conflits relationnels trouvent leur origine dans l'orgueil blessé d'un des partenaires, sa difficulté à se remettre en cause ou son besoin de défendre l'image qu'il a de lui-même. Quand l'idée de notre propre valeur, au centre de la poursuite de l'estime de soi, nous obsède, elle entrave la prise en compte réelle de l'autre dans toute sa complexité et sa richesse.

La douceur envers soi nous permet aussi de nous affranchir des mécanismes de dépendance déclenchés par la poursuite de l'estime de soi. Lorsque nous n'attendons plus de notre conjoint qu'il satisfasse tous nos besoins et que nous consentons à prendre soin de nous-même, nous devenons plus disponible à lui et non uniquement en mode « défense » ou « réclamation ». Au-delà des relations de couple, la compassion pour soi nous rend aussi plus ouverts à nos proches.

Geoffroy, papa d'un enfant de 4 ans, me raconte : « Je suis quelqu'un d'extrêmement perfectionniste. Ce travail de bienveillance envers moi m'a permis de me montrer beaucoup plus ouvert et conscient des exigences que je m'impose, ce qui m'a conduit à être aussi plus ouvert aux autres et particulièrement à ma petite fille. D'habitude, lors d'un de ses caprices, je reste braqué sur ma position et la situation dégénère. La dernière fois, j'ai tenté une autre approche : plutôt que de rester rigide et fermé, j'ai observé, laissé passer un moment, et son mal-être s'est évanoui. »

Douceur envers soi et épreuves de la vie

Les moments difficiles de notre existence (comme les accidents, les séparations, la maladie, le vieillissement) sont ceux où nous risquons de nous montrer dur envers nous-même. Lorsque l'on avance en âge, on doit s'habituer, s'adapter aux changements de notre corps, à une modification de notre apparence et éventuellement à une perte progressive de certaines capacités physiques et mentales. À cela s'ajoute la probabilité accrue d'assister au décès de proches (parents, conjoints, frères et sœurs, amis). Tous ces changements sont potentiellement source d'amertume et de critique, et la compassion pour soi nous est d'un secours d'autant plus précieux. Une étude sur des participants âgés de 67 à 90 ans a prouvé que chez ceux qui avaient une mauvaise santé physique, l'autocompassion aidait à conserver un bien-être plus élevé[9].

Une étude de l'université d'Arizona[10] s'est penchée sur l'effet de la douceur envers soi en situation de divorce. Cette épreuve reste pour beaucoup de

9. Allen, Goldwasser & Leary, 2012.
10. Sbarra, Smith & Mehl, 2012.

personnes un moment de stress important et a souvent un impact sur notre vie à long terme. Les chercheurs ont demandé aux participants, qui avaient vécu en couple pendant plus de treize ans et étaient divorcés depuis au moins quatre mois, de penser à leur conjoint pendant trente secondes puis de laisser venir les pensées et émotions liées à leur séparation pendant quatre minutes. Ces impressions ont été enregistrées puis analysées par quatre juges qui évaluaient dans quelle mesure les participants manifestaient de la compassion pour eux-mêmes. À titre d'exemple, voici un extrait d'un enregistrement de cette étude où s'exprime de la compassion pour soi : « Je me sens blessé et coupable, mais il faut simplement faire face à la réalité [...]. Il faut se pardonner et lui pardonner pour tout ce que j'ai fait ou n'ai pas fait » et un autre qui en est dépourvu : « Je ne sais pas comment j'en suis arrivé là. Tout est de ma faute, je l'ai repoussé pour je ne sais quelle raison. [...] Qu'ai-je fait ? J'ai tout mal fait. »

L'expérience a montré que les sujets qui avaient un haut niveau de compassion envers eux-mêmes étaient moins perturbés émotionnellement dès le début de l'étude, et que cet effet protecteur persistait neuf mois après[11]. Les chercheurs eurent d'autres surprises : en la comparant à d'autres caractéristiques positives telles que l'estime de soi, la résistance à la dépression, l'optimisme, ou la facilité de relations, l'autocompassion offrait le plus haut degré de résilience.

11. Les chercheurs ont vérifié que ce n'était pas parce que ces participants étaient moins affectés par le divorce.

Comprendre que l'échec fait partie de l'expérience humaine contribue à apaiser les sentiments d'isolement. Se considérer avec compassion, observer sa jalousie et sa colère sans jugement nous permet de nous centrer sur le présent plutôt que de rester uniquement obsédé par le passé. En bref, la compassion pour soi semble être un facteur indéniable de résilience pour nous aider à traverser les turbulences de l'existence.

Lorsque nous parvenons à nous pardonner à nous-même, nous nous rendons également capable de plus facilement pardonner aux autres. Magda Hollander Lafon, une dame extraordinaire rescapée du camp de concentration d'Auschwitz, y fait écho avec une grande justesse dans un entretien[12] : « Le pardon est une relation. Il n'y a pas de pardon sans réconciliation avec soi. Il fallait que moi, je me pardonne, que je me pardonne d'être vivante. J'ai compris que je donnais du pouvoir aux nazis sur moi. Je m'infligeais le traitement qu'ils m'avaient infligé, détruire ma vie. Je leur donnais le pouvoir de me faire perdre le goût de ma vie. Dès ce moment, tout a changé. Lorsque je l'ai compris [...], j'ai retrouvé cette force de vie qui nous avait habités et à partir de ce pardon à moi-même, j'ai retrouvé le goût de la vie. Jusqu'à être réconciliée en moi-même, oui, quel chemin ! »

12. Entretien accordé au site www.bonnenouvelle.ch en novembre 2012.

Douceur envers soi et motivation à s'améliorer

Une des questions que nous n'avons pas encore abordées est celle de la motivation à changer. Montrer de la compassion envers soi ne risque-t-il pas de nous rendre complaisant envers nos défauts et nos erreurs et de ne pas nous inciter à changer, à nous améliorer ? Nous avons vu que la poursuite de l'estime de soi compliquait les apprentissages : notre sentiment de valeur personnelle dépend, dans ce cas, de notre « niveau de réussite » dans notre travail, nos études, nos relations, et nous avons du mal à reconnaître nos erreurs car elles menacent directement le sentiment de notre valeur. Nous avons alors tendance à nous justifier ou à nous défendre, et nous nous empêchons de tirer les expériences de nos échecs. Mais qu'en est-il avec la douceur envers soi ?

Une série d'études s'est intéressée à ce sujet et a comparé les effets de la compassion pour soi avec ceux de l'estime de soi[13]. Elles ont par exemple lié la compassion à davantage de remise en question personnelle. Les études ont aussi montré qu'après un échec à un test, la compassion pour soi nous amène à consacrer plus de temps à étudier pour le tenter à nouveau. Dans une des études de cette série, les sujets recevaient d'abord une épreuve très difficile à laquelle la majorité échouait. On leur fournissait alors les bonnes réponses ainsi qu'une liste de définitions pour les aider à réussir. Les sujets avaient autant de

13. Breines & Chen, 2012.

temps qu'ils le désiraient pour étudier. Les participants qui avaient un score élevé de compassion pour soi étudiaient plus longtemps, ce qui par conséquent leur permit d'obtenir de meilleurs résultats lors de l'épreuve de rattrapage. Concernant un point faible personnel (comme la difficulté à dire ce que l'on pense, à s'affirmer, à dire non), l'étude a indiqué que la compassion pour soi nous motivait davantage à nous améliorer que l'estime de soi.

De manière paradoxale et contre-intuitive pour la plupart d'entre nous, la douceur envers nous-même nous pousse à nous corriger, à donner le meilleur de nous. La compassion pour soi, étant donné qu'elle ne repose pas sur des évaluations de notre propre valeur, nous évite les écueils de la dépréciation ou des illusions positives sur nous-même qui sont deux effets de la poursuite de l'estime de soi.

> Boris a été élevé dans une famille où l'excellence a toujours été valorisée, où comptaient beaucoup le regard des autres, la comparaison sociale. La réussite était indispensable. Comme ses frères et sœurs, il a été très brillant dans ses études, mais paradoxalement sans jamais s'en réjouir réellement. Il n'a en revanche jamais persévéré dans d'autres disciplines comme le sport ou la musique où il n'était pas immédiatement performant, même si elles lui plaisaient. La seule alternative lui semblait être « excelle ou échoue », et il abandonnait très vite toutes les nouvelles activités où il ne s'illustrait pas. À l'âge adulte, après avoir travaillé à mieux s'accepter, il s'essaie à la musique, au sport, comme un plaisir à savourer et non comme un moyen de valorisation (ou de dévalorisation) au

regard des autres. Et cela lui permet de pratiquer avec joie ces nouvelles activités et de se libérer du poids de l'exigence.

Une personne avec un haut niveau de compassion pour elle-même sera beaucoup moins sur la défensive : elle admettra plus facilement ses erreurs, se pardonnera mais sera aussi plus réaliste et essaiera de faire mieux quand l'occasion se présentera à nouveau.

La douceur envers soi présente donc de nombreux avantages tant pour notre qualité de vie, nos relations avec les autres ou notre capacité à nous remettre en question. Mais cette attitude peut-elle s'apprendre ?

Comment acquérir plus de douceur envers soi ?

Bien loin de nous rendre complaisant, autosatisfait ou de nous immobiliser, la compassion pour soi nous aide au contraire à devenir lucide et réaliste et à mobiliser plus efficacement notre énergie pour un changement. En comprenant que nous ne sommes pas des cas isolés, que nos sentiments sont vécus par la majorité des êtres humains dans les mêmes circonstances, nous nous perdrons moins dans des ruminations critiques envers nous-même.

Bonne nouvelle pour ceux qui n'ont pas de prédispositions pour la douceur envers eux-mêmes : diverses recherches ont montré que la compassion pour soi s'apprend et se développe, même à l'âge adulte. Nous pouvons nous entraîner à adopter ce regard plus lucide mais aussi plus tendre sur nous-même. Le professeur Paul Gilbert a notamment mis au point une thérapie de groupe dénommée « formation à l'esprit compassionné » dont le but est d'aider les personnes à développer ces qualités de compassion envers elles-mêmes, spécialement si elles sont plutôt portées à s'en vouloir dans des contextes difficiles[14]. Une étude récente des psychologues Kristin Neff et Christopher Germer a exposé qu'une formation à la compassion pour soi en huit séances hebdomadaires de deux heures permettait non seulement d'améliorer significativement cette forme d'indulgence envers soi-même, mais que cela avait aussi pour effet d'accroître le bien-être des participants. La formation a augmenté leur niveau de satisfaction dans la vie et diminué leurs niveaux de dépression, d'anxiété et de stress. L'étude a même prouvé que ces résultats se maintenaient un an après la formation[15].

Parmi les exercices proposés aux participants, notons par exemple le fait de prêter attention au langage que nous utilisons pour nous critiquer et d'apprendre à utiliser des formules plus indulgentes envers soi[16].

Comment réagissez-vous généralement vis-à-vis de vous-même ? Quel type de dialogue avez-vous avec vous-même, en cas d'échec ou quand vous remarquez une faiblesse ? Est-ce un ton dur ? Sur quels aspects de votre vie portent le plus souvent

14. Gilbert & Procter, 2006.
15. Neff & Germer, 2013.
16. Kotsou, Heeren & Wilson, 2011.

les critiques que vous vous adressez ? Quelles sont les conséquences d'un comportement dur envers vous-même ? Cela vous rend-t-il plus heureux(se) épanoui(e), ou plutôt découragé(e), déprimé(e) ? Comment pensez-vous que vous vous sentiriez, si vous pouviez réellement vous accepter et vous apprécier tel que vous êtes ?

Un autre exercice consiste à tenir un journal dans lequel nous notons chaque jour une chose pour laquelle nous nous sentons mal ou honteux, ou pour laquelle nous nous jugeons. Ensuite, mettons-nous dans la peau d'un ami bienveillant et écrivons quelques mots de douceur, de gentillesse, de réconfort envers nous-même.

Enlever notre armure

La compassion pour soi nous aide à ôter notre armure, celle qui nous sépare de nous-même et des autres. Une armure peut certes nous protéger des coups en temps de guerre, mais n'est pas très pratique lorsque l'on se noie, ni très utile pour prendre soin de nos blessures ou pour serrer quelqu'un dans ses bras. Renouer avec sa propre fragilité permet de dépasser l'illusion de la perfection humaine et de vivre pleinement tel que nous sommes. En acceptant nos fragilités, nous épargnons tout le temps et l'énergie dépensés pour ressembler à quelqu'un d'autre que nous, et cela nous rend donc plus fort et plus ouvert à la vie. Cela revient à arrêter la guerre contre nous-même comme nous le propose si joliment Henri Gougaud dans l'extrait cité en début de ce chapitre. Assumer nos fragilités nous permet aussi d'en prendre soin et de nous mettre en mouvement pour aller de l'avant. Comme le dit le poète Khalil Gibran : « Il est en moi un ami qui me console à chaque fois que les maux m'accablent et que les malheurs m'affligent. Celui qui n'éprouve pas d'amitié envers lui-même est un ennemi public et celui qui ne trouve pas de confident en lui-même mourra de désespoir. »

La fragilité est aussi ce qui nous unit : sans elle, nous n'irions pas vers les autres. Elle participe à la création du lien, elle permet d'être touché par l'autre. Nous pouvons impressionner par nos grandeurs et réussites, mais nous ne sommes touché et touchons que par nos fragilités, par nos blessures. « Il y a une faille en toute chose, c'est par là qu'entre la lumière », nous dit Leonard Cohen dans une magnifique chanson. La douceur envers nous-même et l'acceptation de notre fragilité nous poussent à entretenir une relation plus amicale avec nous-même, ce qui nous ouvre à un rapport plus apaisé avec le monde.

9

L'élargissement de soi

L'humilité ne consiste pas à se considérer comme inférieur, mais à être affranchi de l'importance de soi.

Matthieu Ricard

Dans le chapitre 5, nous avons vu qu'une conception réduite de soi, le moi narratif (c'est-à-dire l'histoire que nous nous racontons à propos de nous-même), que j'ai lié au nombrilisme, a pour conséquence de réduire notre flexibilité et de limiter nos choix. En effet, plutôt que de nous laisser la possibilité d'agir de la manière la plus adaptée au contexte en mobilisant nos ressources du moment, cette attitude nous enferme dans un cadre de référence prédéfini, notamment au moyen de toutes ces étiquettes et ces stéréotypes dont nous avons parlé. Nous avons aussi appris que le nombrilisme, en nous centrant presque exclusivement sur notre unique personne, risque de nous faire perdre de vue nos liens avec les autres et avec le monde.

Dans *Je suis un prophète, c'est mon fils qui l'a dit*, une pièce de théâtre d'Abel Aboualiten, l'auteur partage son expérience à ce sujet : « Il y a des traditions, des religions, qui vous marquent dans votre propre chair et qui saignent votre enfance. Ce fardeau que l'héritage de vos ancêtres, de vos parents, vous impose, vous habite comme s'il était dans vos gènes. Vous en débarrasser demande un effort incommensurable. Non seulement vous devez vous débarrasser de cette enveloppe invisible contaminée par tant de "certitudes et de vérités" qui vous semblent fausses et étrangères ; mais aussi lutter pour vous extirper de l'instinct grégaire. Agir ainsi est l'injure ultime, la pire trahison à la communauté à laquelle vous êtes condamnés à appartenir. Cette communauté qui s'arroge le droit de fabriquer votre identité. »

Prisonniers du nombrilisme, alourdis par les bagages de nos histoires, nous finissons par porter des valises bien lourdes qui nous empêchent de poursuivre et de construire notre chemin en toute liberté. D'où vient cette identification à nos histoires au point de nous replier sur nous-même, et surtout, quelle est l'alternative à ce réflexe ?

Réparer l'erreur fondamentale d'attribution

Nous considérons bien souvent les autres, et nous-même, comme des identités rigides dont le caractère, la personnalité, seraient des attributs ou des agrégats fixes qui rendraient compte de tous les comportements. Pour expliquer les faits et gestes de quelqu'un, nous avons tous une propension à surévaluer les déterminants liés à son caractère au détriment de la prise en compte du contexte. Je me souviens d'un collègue avec qui j'avais un différend et qui prétendit découvrir enfin mon «vrai» côté. Dans l'esprit de nombreuses personnes, notre véritable nature se révélerait donc à certaines occasions, par exemple quand nous sommes ivres ou lors de situations exceptionnelles. Mais nous ne sommes pas réductible à un côté quel qu'il soit : nous réagissons de multiples manières et différemment selon les circonstances et les personnes. Or l'esprit humain est conditionné à réduire ses semblables à certains éléments de leur «personnalité», sans doute par besoin de prévisibilité et de contrôle : si je sais qui tu es, je pourrai agir et me protéger d'un éventuel danger. En psychologie, on appelle cela l'erreur fondamentale d'attribution : nous surestimons notre capacité de libre arbitre et notre degré d'autonomie et oublions que tous nos comportements, ainsi que ceux des autres, sont influencés par de très nombreux éléments tant internes qu'externes : notre santé, notre humeur, les personnes qui nous entourent, la pression à se conformer à un groupe ou l'effet de l'autorité. En fait, nous sommes tous capables de nombreux comportements, dont certains que notre morale réprouverait. Dans la société actuelle, nous tombons trop souvent dans ce travers qui consiste à stigmatiser certains individus, à désigner les représentants du mal (qu'il s'agisse de prétendus étrangers, terroristes, délinquants ou marginaux). Cela rassure et nous donne l'illusion de vivre dans un monde plus ou moins sous contrôle où, bien sûr, nous sommes du bon côté. Il serait sans doute bien trop compliqué à expliquer et à accepter que nous sommes tous susceptibles de comportements répréhensibles. Or c'est justement cette prise de conscience qui nous rend plus libre et plus citoyen. Penser que nous sommes totalement libre et unique nous conduit à fonctionner de manière machinale, en justifiant a posteriori tous nos comportements. À l'inverse, comprendre que nous faisons partie d'un tout qui nous influence nous donne la chance de poser des actions qui sont davantage déterminées par nos valeurs et nos choix que par notre histoire ou par le contexte.

Sommes-nous notre histoire ?

Agissons avec les croyances relatives à qui nous sommes, notre identité, comme nous avons appris à le faire avec nos pensées dérangeantes au chapitre 7. Si nous avons la croyance « Je suis maladroit » ou « Je suis anxieuse » nous pouvons pratiquer le détachement et observer : « J'ai la pensée que je suis maladroit » ou « J'ai la pensée que je suis anxieuse ». Ou encore « J'observe la pensée "je suis maladroit", j'observe la pensée qui raconte que "je suis anxieuse". » Voyez-vous la différence ? Reconnaître que ce sont des pensées crée déjà une distance, un premier pas pour se détacher de ces pensées qui auront alors moins d'influence sur nous. La question n'est pas de savoir si elles sont vraies ou fausses, mais de reconnaître leur nature d'objets conceptuels, de pensées. Ce sont des pensées, et non qui nous sommes.

Les histoires que nous nous racontons sur nous-même, si nous les prenons trop au sérieux, limitent notre vie dans ses petites et grandes dimensions.

Pour Carine, c'était lié à la cuisine. « J'ai toujours pensé que je ne savais pas cuisiner, au point d'y croire et de faire passer le message de façon tout à fait convaincante. La question piège à la maison c'était : “Qu'est-ce qu'on mange ce soir ?” » D'ailleurs, mes proches et amis ne venaient pas me voir pour bien manger mais pour passer un bon moment. Après avoir pris conscience, au cours d'un entraînement à la méditation, du poids de mes pensées, je me suis inscrite à un cours de cuisine. Après la première séance, j'ai failli ne pas y retourner tant mes croyances anciennes étaient profondément ancrées ; je me disais que ce n'était vraiment pas pour moi. J'y suis pourtant allée et, au fil du temps, j'ai changé mon approche et ma façon de faire les courses et de préparer les repas. Non seulement je suis consciente que mes pensées ne sont pas la réalité (on est tous capable de couper des légumes et de les faire cuire), mais, en plus, je me rends compte à quel point de simples croyances ont pu porter atteinte à mon bien-être. Je découvre qu'une activité qui était empreinte d'énergie négative pour moi pendant plus de vingt ans me procure maintenant tant de plaisir ! »

Cet exemple peut sembler léger mais le même processus est évidemment à l'œuvre dans des contextes beaucoup plus dramatiques : quand un passé douloureux nous fait croire que « nous sommes » une mauvaise personne, qui ne mérite pas d'être aimée, que nous sommes « un drogué », « une dépendante affective »...

Élargir notre perspective

En fait, le mode du moi narratif est un peu notre mode de « configuration par défaut » : la plupart d'entre nous sont naturellement pris dans les vagabondages mentaux caractéristiques de cet état. Ce que nous raconte notre tête n'est pourtant pas la vie. Prendre de la distance par rapport à ce qu'elle nous raconte et être, en d'autres mots, moins englué dans le nombrilisme nous permet d'aborder les situations de la vie avec plus de sagesse. Par sagesse, entendez cette qualité dotée de trois composantes : la capacité à reconnaître que notre propre savoir est limité, la conscience que le monde change continuellement et le souci davantage porté au bien commun qu'à nos seuls intérêts[1]. À l'inverse, le nombrilisme se définit par la rigidité de ses propres idées, un sentiment d'un monde immuable et une préoccupation essentiellement centrée sur soi.

Une étude scientifique[2] a montré qu'une chose aussi simple que changer de perspective, en s'imaginant par exemple témoin ou acteur d'une situation difficile, provoquait des réactions différentes en nous. La distanciation, créée en s'imaginant extérieurs à la situation, rend les participants plus sages : ils sont davantage susceptibles de reconnaître les limites de leur raisonnement et cela favorise aussi la dialectique de la pensée, c'est-à-dire l'acceptation du caractère changeant du monde et des circonstances. En

1. Grossmann, Na, Varnum, Kitayama & Nisbett, 2013.
2. Kross & Grossmann, 2012.

bref, en s'identifiant moins à une situation, notre raisonnement est moins conditionné par notre histoire et ses limitations, et donc aussi plus objectif.

Notez quelques problèmes reliés à votre histoire de vie (qui vous empêchent d'être totalement heureux) avec le plus de détails possible : ce qui vous est arrivé, comment, avec qui, à cause de quoi. Ensuite, revenez à votre texte et ne retenez que les faits. Laissez de côté les interprétations ainsi que les explications causales du type « c'est parce que » ou « à cause de ». Observez comment, en général, on a tendance à très vite installer des relations causales entre les événements qui nous arrivent : « Je ne suis pas épanoui au travail parce qu'on ne m'a pas laissé choisir les études que je voulais entreprendre », « J'ai du mal à élever mes enfants parce que, dans ma propre enfance, j'ai souffert des conflits entre mes parents », etc.

Dernière étape de l'exercice : changez maintenant de perspective, en prenant par exemple le point de vue d'une personne extérieure, et racontez à partir des mêmes faits une histoire entièrement différente. Ce que nous pouvons apprendre, c'est que les faits ne sont pas seuls à déterminer l'histoire que nous nous racontons sur nous-même. Ils prennent un sens en fonction de l'histoire, et il y a de nombreuses histoires possibles. Je ne sous-entends pas que tout est possible ni que ce qui nous est arrivé n'existe pas. Simplement, bien que les faits ne puissent pas changer, le sens que nous leur donnons, notre histoire et l'attachement à notre histoire le peuvent.

Une autre étude des mêmes auteurs est frappante. Trois semaines avant les élections présidentielles de 2008 aux États-Unis, les chercheurs ont recruté des individus très marqués idéologiquement : la moitié du groupe était constituée de personnes se définissant comme démocrates, les autres comme républicains. On leur demandait de réfléchir à l'avenir environnemental ou à la peine de mort dans leur pays si le candidat qu'ils ne supportaient pas l'emportait. Les consignes étaient différentes pour la première moitié, qui devait se mettre dans la peau d'un Américain, et pour l'autre moitié, qui devait raisonner de manière distanciée comme s'ils étaient des Islandais émigrés aux États-Unis. Les résultats ont rapporté que la distanciation augmentait la prise de conscience des limitations de notre manière de penser et favorisait aussi deux tendances prosociales : la prise en compte des opinions d'autrui et la coopération. L'étude a aussi montré que les participants les plus distanciés avaient des idées moins extrémistes. Changer de perspective, ne plus s'identifier à leur appartenance d'origine (je suis américain, je vote républicain) avait pour effet de les rendre plus flexibles psychologiquement, plus sages dans leur raisonnement et plus ouverts aux autres.

Ce changement de perspective permet donc de sortir du nombrilisme en prenant mieux en compte les autres. Jennifer Crocker et ses collègues, dont j'ai cité les recherches[3] dans le chapitre 4, postulent qu'une manière intéressante de nous guérir de nos problèmes

3. Crocker & Park, 2004.

d'égocentrisme est de nous fixer des objectifs qui incluent les autres, qui contribuent à quelque chose de plus large que nous. Ce n'est alors plus notre image seule qui est au centre de nos motivations, et ainsi nous devenons aussi moins vulnérable à ce qui pourrait la menacer.

> Un vieil homme très pauvre vit dans un petit village avec son fils unique. Sa seule richesse est un magnifique cheval blanc. Tout le village lui conseille de le vendre : « Tu es si misérable, vieil homme, si tu vendais ton cheval, tu en tirerais un si bon prix que cela te permettrait de vivre décemment. » Le vieux ne les écoute pas et, une nuit, le cheval s'enfuit. Tous les voisins de s'écrier : « Quel malheur ! Si tu nous avais écoutés, tu serais riche mais ce matin, tu n'as plus rien. — Malheur ou pas, je ne sais, leur répond le vieux, je suis né dans le creux d'une vague et connais très peu de l'étendue de l'océan. Tout ce que je sais, c'est que mon cheval n'est plus. — Le pauvre, il n'a plus toute sa tête », persiflent les villageois. La nuit suivante, le cheval revient et ramène à sa suite douze magnifiques étalons. « Quel bonheur, s'extasient les villageois, tu avais raison d'espérer, te voilà l'homme le plus riche de la région. — Bonheur ou malheur, je ne sais, répond le vieux. Je suis né à l'ombre d'un arbre et connais si peu de la diversité de la forêt. — Il est vraiment fou, se disent les villageois. Peu de temps après, son fils unique se casse une jambe en essayant de dresser un des équidés. « Quel malheur, vieil homme ! Maintenant que ton fils unique est handicapé, qui prendra soin de toi malgré toute ta richesse ? — Malheur ou bonheur, qu'en sais-je ? Ce

que je sais, c'est que mon fils est tombé», dit le vieux. Au même moment, leur royaume entre en guerre avec la contrée voisine. Tous les hommes en âge de combattre sont réquisitionnés. Tous, sauf le fils du vieux qui ne peut plus marcher sans boiter. «Ah quel bonheur! disent les femmes du village. Tu avais raison de ne pas t'en faire, nos maris, frères et enfants partent à la guerre et tu es le seul à garder ton fils près de toi. — Malheur ou bonheur, qui sait? Je suis né à l'ombre d'une colline et sais très peu de l'immensité de la montagne, dit le vieux. Mais vous tous, êtes vraiment incorrigibles à ne pas pouvoir vous empêcher de savoir et de juger.»

Tout est changement

Si, comme Carine et sa peur de la cuisine, dont nous avons parlé plus haut, nous décidons de ne plus croire aux histoires que l'on se raconte depuis longtemps, si nous ne sommes pas nos émotions, pensées et réactions qui sont changeantes et se modifient continuellement, alors qui pouvons-nous devenir?

Une fois que nous avons appris à prendre nos histoires moins au sérieux et à nous détacher des étiquettes dont on nous a affublés, nous sommes sur la bonne voie pour que se dégage une perspective plus fluide de notre propre expérience. Pour cela, nous aurons à apprendre à observer nos pensées (jugements, justifications), nos émotions et nos sensations comme elles se présentent, au moment où elles surgissent et à les regarder évoluer d'instant en instant.

« Tout coule », dit le philosophe grec Héraclite, ce qui fait que l'« on ne se baigne pas deux fois dans le même fleuve ». Cette manière d'observer son expérience en restant en contact avec le moment présent[4] est pratiquée dans les approches de méditation dite « de pleine conscience » (*mindfulness*) qui se propagent énormément actuellement, tant dans le domaine médical que scolaire et dans les organisations.

> Quelles sont vos sensations maintenant, là où vous êtes ? Comment êtes-vous assis, quel est le poids de ce livre dans vos mains ? Que voyez-vous ? Quelles sont les pensées qui vous traversent l'esprit en cet instant ? Que ressentez-vous ?
>
> Par ces quelques questions, on se rend vite compte que nous recourons presque continuellement à des évaluations, et que notre expérience n'est pas une construction fixe, solide, mais qu'elle se modifie en fonction des contextes. Par la pratique, nous apprenons à mieux nous connaître de l'intérieur et à reconnaître aussi qu'en fonction du moment, du contexte et d'autres facteurs, nous aurons des pensées et émotions particulières, plus ou moins agréables, mais que nous ne nous réduisons pas à ces émotions et pensées.

Jean-Jacques Rousseau l'illustre très joliment dans *Les Rêveries du promeneur solitaire* : « Tout est dans

4. Bishop *et al.*, 2004 ; Kotsou, Heeren & Wilson, 2011.

un flux continuel sur la terre : rien n'y garde une forme constante et arrêtée, et nos affections qui s'attachent aux choses extérieures passent et changent nécessairement comme elles[5]. » La clef de l'apprentissage est de prendre conscience que nos expériences se modifient continuellement et que, dès lors, nous ne sommes pas obligé de rester attaché à des histoires et à des sensations anciennes. C'est ainsi que nous apprenons la flexibilité, puisqu'à tout moment, nous serons en mesure de différencier nos jugements et interprétations des observations sur le monde qui nous entoure. Cette manière de percevoir le monde nous ancre dans le présent et nous éloigne, nous libère du poids des jugements. Cela ne veut pas dire qu'il ne faut pas juger ou que l'on ne jugera plus jamais : le jugement est une fonction importante et parfois très utile du mental. Mais réaliser la différence entre ce que l'on perçoit dans l'expérience du moment présent et tous les commentaires et jugements produits par notre tête nous permet de moins être le jouet de notre propre esprit[6].

S'ouvrir à l'expérience

Il nous est alors loisible de développer une perspective encore plus large qui inclut jusqu'à notre propre comportement d'observation. On appelle parfois « soi observateur » cette perspective qui englobe et nous permet d'observer toutes nos expériences,

5. Jean-Jacques Rousseau, *Les Rêveries du promeneur solitaire*, 1782.
6. Shapiro, Carlson, Astin & Freedman, 2006.

émotions, sensations et pensées. Alors que chaque émotion, sensation, pensée a une durée limitée et change continuellement, ce soi est la perspective immuable et intemporelle qui observe ces changements ; il est le témoin de toutes nos expériences. Le soi observateur est donc distinct du contenu de nos expériences (agréables ou désagréables, etc.). Dès lors, quand un incident survient dans nos vies, nous ne sommes plus menacé de la même manière. Nous ne sommes plus complètement identifié aux pensées, sensations et émotions qui surgissent et sommes en mesure de les accepter beaucoup plus facilement. En effet, être capable d'observer ces expériences intérieures signifie que nous ne sommes pas uniquement ces pensées, émotions et sensations[7].

Prenons l'exemple d'un ciel nuageux, comme celui que je vois ce matin en écrivant. Imaginons que les nuages représentent nos pensées, émotions et sensations. Si nous nous sommes complètement identifié à ces nuages et au contenu de nos expériences, les nuages noirs nous feront vivre des moments très difficiles et nous serons continuellement dans l'attente, incertaine souvent, de nuages roses ou blancs... Essayons à l'inverse, de nous percevoir comme si nous étions le ciel et d'observer la course des nuages : le ciel garde toujours sa nature de ciel, peu importe l'orage, la tempête, la pluie ou la grêle, ce qu'il est n'est pas affecté par les changements de la météo.

C'est de cette perspective dont me semble parler Rousseau dans la cinquième promenade des *Rêveries*

7. Blackledge, Ciarrochi & Deane, 2009.

du promeneur solitaire : «Mais s'il est un état où l'âme trouve une assiette assez solide pour s'y reposer tout entière et rassembler là tout son être, sans avoir besoin de rappeler le passé ni d'enjamber sur l'avenir; où le temps ne soit rien pour elle, où le présent dure toujours sans néanmoins marquer sa durée et sans aucune trace de succession, sans aucun autre sentiment de privation ni de jouissance, de plaisir ni de peine, de désir ni de crainte que celui seul de notre existence, et que ce sentiment seul puisse la remplir tout entière; tant que cet état dure celui qui s'y trouve peut s'appeler heureux, non d'un bonheur imparfait, pauvre et relatif tel que celui qu'on trouve dans les plaisirs de la vie, mais d'un bonheur suffisant, parfait et plein, qui ne laisse dans l'âme aucun vide qu'elle sente le besoin de remplir[8]. »

Lorsque l'attention n'est plus uniquement portée vers l'extérieur, mais que le regard se tourne vers lui-même, plutôt qu'une perspective limitée et changeante, nous découvrons un espace immense. C'est dans notre propre conscience qu'apparaît le monde. C'est comme ouvrir une fenêtre qui nous permet enfin d'apercevoir la vie.

Neurosciences du soi

Les notions de «moi narratif» ou de «soi observateur» pourraient sembler abstraites ou même peut-être ésotériques à nombre d'entre nous : elles font

8. *Op. cit.*

pourtant l'objet de nombreuses recherches scientifiques. Des études en neuro-imagerie réalisées à l'université de Toronto ont mis en lumière que l'experience du soi narratif et l'expérience du soi connecté au moment présent activaient, dans le cerveau, des circuits distincts. Dans une étude menée par l'équipe du chercheur en neurosciences Norman Farb, des sujets ont été entraînés à différencier une expérience du soi narratif et une expérience du soi connecté au moment présent (qu'on appelle aussi «soi expérientiel»). L'expérience du soi expérientiel est caractérisée par l'observation sans jugement des sensations, émotions et pensées, dans l'instant présent, moment après moment. Pour induire l'expérience du soi narratif, les chercheurs ont établi une liste d'étiquettes, d'adjectifs caractérisant des traits de personnalité auxquels on pouvait facilement s'identifier (comme «timide», «courageux» ou «confiant»). Les participants devaient chercher en quoi ces descriptions de personnalité leur correspondaient, dans quelle mesure elles s'appliquaient à eux. Lors de l'expérience, les chercheurs ont observé des différences significatives dans l'activation des zones cérébrales pour ces deux types d'expériences de soi. Ces changements étaient beaucoup plus marqués chez les sujets qui avaient été initiés aux techniques de méditation de pleine conscience et qui avaient développé leur capacité à passer d'un mode à l'autre[9].

9. Farb *et al.*, 2007.

Vers l'oubli du moi

À certains moments de notre vie, nous nous comportons naturellement d'une manière plus décentrée et humble, que les chercheurs en psychologie sociale qualifient de mode « hypoégoïste ». Quand c'est le cas, les personnes sont plus centrées sur le présent, sur les éléments concrets de leurs comportements plutôt que sur leur valeur ou leur réputation. Dotée d'un sens de soi moins individualisé et conceptualisé, la personne réagira moins à ce qui pourrait menacer son ego (critiques, échecs) et répondra aux situations avec plus d'équanimité. Elle se prêtera également moins à des généralisations puisque son mode de pensée sera moins rigide. Lorsque nous sommes enfants, nous nous confondons complètement avec le monde mais sans la conscience d'être un avec lui. Au fil du temps, nous développons graduellement notre sentiment d'identité, ce qui nous amène à devenir plus égocentrique, bien que nous nous montrions quand même, heureusement, souvent généreux. Ce n'est qu'au fil du développement de notre conscience que l'on réapprend à reconnaître que l'on fait partie d'un tout plus large. Pierre Rabhi, philosophe et agro-écologiste français, souligne que cette forme d'élévation de notre conscience nous conduit à une forme d'humilité joyeuse et tranquille[10].

Les expériences réalisées sur ce sujet montrent que quand nous sommes moins nombriliste et moins

10. Intervention de Pierre Rabhi au cours de la journée Émergences de 2012, voir www.emergences.org

absorbé et identifié à une vision réduite de nous-même, les effets sur notre vie, celle des autres et sur notre environnement sont très positifs[11] L'humilité nous fait sortir de l'arène de la comparaison sociale et nous donne la possibilité de nous percevoir comme une partie d'un plus grand tout, ce qui favorise les relations avec les autres. N'étant plus préoccupé par la comparaison, nous échappons aux considérations égocentriques, celles d'être «meilleur» ou «moins bon» que les autres. La compassion, l'altruisme, l'empathie naissent également d'une perspective plus large de nous-même. Lorsque nous sommes moins obsédé par qui nous sommes et par l'image que nous donnons de nous, et que nous nous sentons connecté aux autres, nos actions et buts intègrent plus naturellement leur bien-être. L'oubli du moi rend aussi notre esprit plus flexible. En voyant la vie de perspectives multiples, nous sommes plus ouvert d'esprit et plus à même de prendre en compte des paramètres complexes dans nos décisions. Cette attitude, enfin, conduit à une certaine transcendance du moi qui nous mène à nous mettre davantage au service du bien-être de tous. Cette forme de modestie, d'humilité des êtres hypoégotiques est bien définie dans cette citation de Paul Valéry : «Modestes sont ceux en qui le sentiment d'être d'abord des hommes l'emporte sur le sentiment d'être soi-même. Ils sont plus attentifs à leur ressemblance avec le commun qu'à leur différence et singularité[12].»

11. Leary & Guadagno, 2011.
12. *Tel quel*, Paris, Gallimard, 1941, p. 107.

C'est aussi cela que nous dit le dalaï-lama qui déclare qu'à un niveau fondamental, il est d'abord un être humain et que ce n'est qu'à un niveau secondaire qu'il se sent asiatique, tibétain, et à un autre niveau encore qu'il est le dalaï-lama : « Je pense que si l'on regarde les autres au niveau fondamental, il n'y a pas de différence. [...] Je pense qu'à ce niveau, il n'y a aucune raison de se battre. [...] À un niveau secondaire, il y a de nombreuses divisions, de nombreuses barrières. Quand nous parlons de six milliards d'êtres humains, nous devons aller au niveau dans lequel nous ne sommes que des êtres humains. Le plus grand problème est de mon point de vue qu'on donne beaucoup trop d'importance au niveau secondaire, aux différences en oubliant l'unité entre tous les êtres humains[13]. »

Le mode hypoégoïste nous ouvre donc à une expansion, à un élargissement de soi, soit au mouvement contraire de la rétraction provoquée par le nombrilisme. Il nous permet de reconnaître le fait que nous ne sommes séparés ni des autres ni du monde, que nous sommes tous fondamentalement liés. Ce n'est donc pas une attitude de compensation, une réaction qui viendrait du fait que l'on ne s'aime pas ou qu'on se considère moins bien que les autres. L'idée est au contraire d'élargir notre conception de nous-même au maximum, de manière à y inclure les autres, depuis nos proches jusqu'à l'ensemble des êtres vivants. L'élargissement de soi nous amène

13. Intervention du dalaï-lama lors du sommet de la paix à Vancouver en 2009.

donc à nous définir en lien avec le reste du monde et non dans l'opposition ou la différenciation.

C'est ce qu'Albert Einstein illustre de belle manière, dans une lettre datée de 1950[14] : « Un être humain est une partie d'un tout que nous appelons "Univers", une partie limitée dans le temps et l'espace. Il s'expérimente lui-même, ses pensées et ses émotions comme quelque chose qui est séparé du reste, une sorte d'illusion d'optique de la conscience. Cette illusion est une sorte de prison pour nous, nous restreignant à nos désirs personnels et à l'affection de quelques personnes proches de nous. Notre tâche doit être de nous libérer nous-mêmes de cette prison en étendant notre cercle de compassion pour embrasser toutes créatures vivantes et la nature entière dans sa beauté. »

14. http://en.wikiquote.org/wiki/Albert_Einstein

Conclusion

La lucidité

> *En brisant ces représentations qui emprisonnent la vie derrière leurs grilles, on libère en soi-même la vie réelle avec toutes ses forces* [...].
>
> Etty Hillesum

Un voisin de Nasreddin vient le voir un jour pour lui conter ses malheurs. Il semble visiblement bien attristé par ce qui lui arrive ces derniers temps, des problèmes divers et variés auxquels s'ajoutent ses inquiétudes sur la marche du monde. Nasreddin, assis sur un banc à côté de son ami, l'écoute patiemment, sans un mot. Soudain, alors que son voisin continue à se lamenter sur son sort, le visage de Nasreddin s'éclaire :

— Voisin, tu aimerais pouvoir être dégagé du besoin de travailler pour nourrir ta famille ?

— Oui, dit le voisin qui venait de se plaindre du temps passé en voyages pour vendre ses marchandises.

— Voisin, tu voudrais pouvoir rester faire la sieste à l'ombre d'un arbre frais quand tu le souhaites ?

— Oui, fit le voisin avec un visage qui commençait à se réjouir.

— Voisin, tu voudrais pouvoir passer ton temps à jouer ou à te détendre sans rendre de comptes à personne ?

— Oh oui ! fit le voisin dont le visage reflétait l'espoir de cette vie tout autre et tant rêvée.

— Voisin, tu voudrais que l'on te donne de l'affection seulement quand tu viens en chercher, sans rien te demander en retour ?

— C'est bien cela, Nasreddin ! Que tu es clairvoyant ! dit le voisin avec ardeur.

D'un bond, Nasreddin se lève alors de son banc et se met à courir en direction du village. Le voisin se lève à son tour et hèle le Mullah :

— Nasreddin, où vas-tu donc ?

— Je cours à la mosquée pour prier Allah de te transformer en chat !

La première partie de cet ouvrage est consacrée aux différentes stratégies d'idéalisation de la réalité que nous adoptons, qui mettent notre bien-être au conditionnel et nous empêchent d'apprécier le monde tel qu'il est. Le succès des jeux de hasard, par exemple, reflète bien cette tendance. Bien que nous n'ayons qu'une chance sur des dizaines de millions[1] d'empocher le gros lot, un nombre incroyable de personnes y jouent chaque jour et parient sur une vie meilleure.

Lors d'un voyage dans le nord de l'Inde, j'ai fait la connaissance de Marc, un jeune homme angoissé

1. http://leplus.nouvelobs.com/contribution/79-loto-keno-euromillions-pourquoi-ca-ne-sert-a-rien-de-tenter-sa-chance.html

mais sympathique. Au mois de janvier, cette région bénéficie d'un climat frais, cependant mon acolyte était rapidement en nage lorsque nous marchions et pour cause : au-dessus de son sac à dos, il transportait partout avec lui un gros tapis roulé qui semblait lui être très précieux. Je me demandais quel était le secret de ce tapis pour qu'il y porte tant d'attention. Un soir, il me raconta son histoire : c'était son premier voyage en Inde et, quelques semaines auparavant, il avait visité un marché. Sous la menace de plusieurs personnes, il s'était senti forcé d'acheter ce tapis à un prix exorbitant. Cela l'avait tellement frustré qu'il s'était juré de le rapporter chez lui afin de ne pas perdre deux fois son argent. Mais mon pauvre ami payait en fait ce prix chaque jour : par la fatigue du transport, l'anxiété de la surveillance et les émotions difficiles qui lui revenaient en mémoire chaque fois qu'il regardait ou déposait son tapis. Il était à ce point prisonnier de son histoire qu'il ne lui était même pas venu à l'idée de le faire envoyer par bateau pour se débarrasser une fois pour toutes de son fardeau.

Combien de tapis n'avons-nous pas portés sur notre dos ? Combien en portons-nous encore ? Comme Marc, nous sommes souvent accroché à « ce qui devrait se passer » ou « ce qui aurait dû se passer » et nous passons à côté de la vie, ne voyant ni les opportunités ni les solutions. Or, que nous soyons d'accord ou pas, seul « ce qui est » est réel. Nous ne pouvons agir avec justesse que lorsque nous arrêtons de ruminer sur ce qui aurait dû être différent, et que nous accueillons la réalité du moment. La mésaventure de Marc illustre bien l'aveuglement que font naître en nous l'idéalisme et la lutte contre la réalité : ces tendances réduisent nos capacités et nous empêchent de savourer et de percevoir toutes les options qui se présentent à nous.

Reconnaître ce qui est

L'alternative aux stratégies d'idéalisation se résume pour moi dans la lucidité, cette capacité à se désillusionner et à voir la réalité comme elle est et non comme on aimerait qu'elle soit. La lucidité permet la prise de conscience que notre vie comportera, un jour ou l'autre, sa part d'inconfort. Dans son sens premier, la lucidité (du latin *luciditas*, « clarté, splendeur, lumière ») définit la qualité de quelqu'un de conscient, qui voit clairement et objectivement les choses dans leur réalité. L'illusion, quant à elle, peut être définie comme une distorsion des sens. Bien que les illusions travestissent la réalité, elles sont généralement partagées par la plupart d'entre nous[2].

La lucidité ne s'apparente ni à l'apathie ni à la résignation. C'est une attitude qui nous conduit à ne plus chercher à contrôler ce qu'en définitive nous ne contrôlons pas.

Si nous revenons à ce qui différencie l'idéalisation et la lucidité, l'idéalisation entraîne une fixation sur « ce qui devrait » ou ce qui « aurait dû » être ou

2. Robert Solso, *Cognitive psychology* (6th edition), Boston, Allyn and Balon, 2001.

arriver pour que nous soyons heureux. Notre conjoint « devrait » nous comprendre, ou il « aurait dû » être plus attentionné. L'idéalisation est en elle-même un refus de la réalité. Quand je parle ici de réalité, je n'en cible pas le sens ontologique ou absolu mais simplement la référence à la situation, au contexte tel qu'il se présente. La lucidité nous permet de reconnaître ce qui est, dans une attitude beaucoup plus réaliste de l'existence. La lucidité ne fait plus appel au jugement et nous place dans une perspective pragmatique : plutôt que de se dire « J'aurais dû partir plus tôt », nous reconnaissons simplement que « Le train est parti ». Reconnaître ce qui est marque le premier pas pour agir, aimer ou accepter.

Sophie reçoit un jour, pendant ses vacances, un message d'un de ses collègues qui lui demande de la joindre d'urgence. Inquiète de ce qui a bien pu arriver, elle passe l'appel mais se rend vite compte qu'il n'y a en réalité rien qui presse au point de ne pouvoir attendre la fin de ses congés. La parenthèse aurait pu se refermer là, aussi vite qu'elle s'était ouverte. Sauf que Sophie se met à ruminer sur le collègue en question qui n'est qu'un incompétent, sur son responsable, sur son organisation. Prisonnière de ce qui devrait être, Sophie a beau se trouver physiquement à des milliers de kilomètres de son bureau, dans un environnement serein, elle est pourtant prisonnière. Avec l'inconvénient supplémentaire que le branle-bas de combat qui voit le jour dans sa tête ne lui sert à rien là où elle est, si ce n'est à s'énerver toute seule.

Ce qui « devrait être » n'existe pas, sinon ce serait ce qui est. Cet ailleurs vers lequel on aspire n'est souvent que la somme de nos illusions et de nos peurs.

J'aime illustrer cela par la métaphore des deux cercles : dessinez un grand cercle et à l'intérieur de celui-ci, un cercle plus petit. Le cercle extérieur représente ce que nous ne contrôlons pas, et le cercle intérieur, ce que nous contrôlons. Réfléchissez maintenant aux problèmes qui vous préoccupent en vous efforçant de distinguer les éléments sous votre contrôle et ceux qui ne le sont pas, ou très peu. De manière assez évidente, on mettra par exemple dans le grand cercle le temps qu'il fait ou tout ce qui a trait au contexte politique ou socio-économique. Mais qu'en est-il du caractère difficile de votre patron ou de celui de votre maman ? Même si on aimerait avoir de l'influence à ce niveau, il semble qu'on n'en ait pas, sinon nous le saurions depuis longtemps, ce sont donc aussi des éléments à placer dans le grand cercle. Au terme de l'exercice, on se rend compte qu'à part sur notre comportement, nous n'avons pas d'influence sur grand-chose. Et donc, plus nous mettons d'énergie à lutter contre les choses sur lesquelles nous n'avons pas de prise, plus nous risquons de devenir aigri et fatigué.

La lutte contre « ce qui est » se révèle bien vite inégale : nous perdons dans 100 % des cas ! Ne pas accepter de regarder le monde tel qu'il est ne le fait pas aller mieux. Ce qui est en mesure de le changer, et de changer cette réalité qui nous est parfois si difficile et contraignante, ce sont nos actes, nos comportements, ce que font nos bras, nos jambes, la direction vers laquelle nous tournons notre regard et ce que disent nos mots. Ce sont les seuls paramètres que nous contrôlons, et encore, uniquement en partie. C'est à cela que se résume le contenu du petit cercle. Notre influence réside donc là. La lucidité à cet égard consiste à reconnaître ce sur quoi nous avons de l'influence et ce que nous ne pouvons pas changer afin de ne pas y placer trop d'énergie et de placer notre énergie dans ce qui dépend de nous.

De retour de son premier voyage au Mali, Gabriel raconte combien il a été marqué par l'attitude positive et résiliente de la population face aux difficultés de la vie. Confrontés à de nombreux problèmes, les habitants lui semblaient beaucoup plus enclins à accepter les aléas de l'existence et à prendre les problèmes moins au sérieux. Il avait l'impression que les villageois rencontrés avaient bien mieux intégré qu'ici les limites à l'influence que nous, humains, avons sur la marche du monde, qu'ils étaient plus humbles et savouraient donc aussi davantage les petits moments du quotidien.

Lucidité dans nos relations

La lucidité dans nos relations appelle plusieurs constats. Et, premièrement, celui de l'altérité. Nous fonctionnons tous différemment les uns des autres, mais nous l'oublions constamment. En tant qu'êtres humains, nous partageons bien sûr beaucoup de motivations (notamment celle de vouloir éviter l'inconfort) et de manières d'agir, mais nous sommes profondément différents dans nos façons d'interpréter les événements de la vie. Une personne peut se sentir touchée par un ton de voix alors qu'une autre n'y prêtera même pas attention. Par ailleurs, nous serons plus ou moins susceptible à une remarque sur notre physique, sur nos capacités intellectuelles ou aurons besoin de plus ou moins d'attention d'un partenaire ou d'une amie.

La lucidité nous permet un second constat, celui de l'impermanence. Tout, dans nos vies, change continuellement. Pensons par exemple aux sentiments amoureux. L'attraction et la passion du début laisseront, par moments, naturellement place à d'autres sentiments moins agréables, comme la jalousie, la lassitude, la frustration, la tristesse ou l'anxiété. Ces sentiments passeront aussi. Toutes nos émotions naissent, durent un temps et passent, sauf si on veut à tout prix les éviter : c'est alors qu'elles s'installent durablement en nous.

Un autre constat, qui découle des deux premiers, est celui de l'impossibilité de changer l'autre quand et comme nous le souhaiterions. En effet, quand nous voulons changer l'autre, nous ne l'acceptons pas comme il est, ce qui a pour effet de nous éloigner de lui et de rigidifier la relation. Avec pour conséquence, une probabilité accrue que l'autre se comporte justement comme nous ne le voulons pas. Les recherches sur les thérapies de couples le montrent clairement : l'acceptation de l'autre est la clef pour vivre ensemble harmonieusement[3]. Et la lucidité nous révèle le véritable lieu du changement possible : dans nos yeux, dans nos cœurs et dans nos propres comportements. Quand nous acceptons l'autre comme il est, et non comme on aimerait qu'il soit ou qu'il ne soit pas, nous pouvons choisir de manière plus claire nos réactions. Dans le cas d'une relation de couple, l'idéalisation mènera soit aux tentatives de changer l'autre pour qu'il corresponde au modèle idéalisé, soit à de la frustration. À la place, la lucidité est une attitude qui donne le choix d'une action véritable : rester, changer ce qui peut être changé et accepter ce qu'on ne peut modifier, ou partir.

La lucidité permet la cohérence

Nous avons tous des valeurs auxquelles nous sommes particulièrement attaché. Mais vouloir imposer aux autres le respect de ces idéaux ou vouloir qu'ils correspondent aux nôtres nous conduit à agir paradoxalement à l'encontre de ces valeurs.

Serge, participant d'un de mes stages, me racontait que, pour lui, le respect des règles était très important, c'était même un préalable pour que la société fonctionne. Il me disait qu'en voiture, par exemple, lorsqu'il conduisait sur une autoroute à trois bandes et que quelqu'un roulait sur la bande du milieu à la

3. Jacobson, Christensen, Prince, Cordova & Eldridge, 2000.

vitesse légale, alors qu'il y avait de la place à droite, il le « collait » pour bien lui faire comprendre de se ranger sur la bande la plus à droite afin que le trafic reste fluide. Il était tout fier de me raconter qu'un jour, il avait carrément suivi un automobiliste jusqu'à sa destination et l'avait vu sortir en tremblant de son véhicule. Il pensait lui avoir donné une bonne leçon et ne se sentait pas honteux. En fait, il ne se rendait pas du tout compte que son comportement était complètement en contradiction avec les idéaux qu'il défendait. Au nom du prétendu respect du code de la route, il manquait totalement de respect envers autrui.

Et c'est bien un des travers de l'illusion : nous distordons la réalité et sommes alors convaincu d'avoir raison. La lucidité nous guide à vivre les valeurs qui sont importantes à nos yeux plutôt qu'à attendre que le monde ou les autres se conforment à elles. Comme dit Spinoza : « La béatitude n'est pas la récompense de la vertu, elle est la vertu elle-même[4]. »

Pour une action intelligente

En cessant de nous obstiner à contrôler ce qui ne peut l'être, nous préservons nos ressources pour agir de manière plus efficace et juste. Car ainsi, nos actions ne sont plus conditionnées par des illusions ou des peurs. La lucidité ne mène pas à la résignation, elle conduit à l'action intelligente. C'est plutôt l'illusion qui nous pousse à l'inaction puisqu'elle se

4. Spinoza, *L'Éthique*, 1677.

résume souvent à l'attente d'un bonheur idéalisé qui n'existe pas ou ne dépend pas de nous. André Comte-Sponville, dans son très bel ouvrage *Le Bonheur désespérément*[5], nous dit que « le contraire d'espérer, ce n'est pas craindre, mais savoir, pouvoir et jouir » et de citer Sénèque qui, dans sa *Lettre à Lucilius*, écrit : « Quand tu auras désappris à espérer, je t'apprendrai à vouloir[6]. » La résignation survient quand nous sommes en lutte avec ce qui est. À l'inverse, la lucidité nous permet de consacrer notre énergie de manière intelligente à ce qui compte réellement pour nous.

On voit ainsi deux comportements s'opposer : Agnès est révoltée contre la façon dont les grandes entreprises polluent notre belle planète, s'énerve contre les écologistes politiques qui ne sont pas différents des autres et contre tous ces 4 × 4 qui déboulent dans sa ville et se garent n'importe où. Mais elle laisse son mari brûler leurs déchets dans le jardin et n'a jamais voulu voter : « Ce n'est pas ça qui changera quelque chose, que la ville commence d'abord à ramasser régulièrement nos ordures. » Son fils Jérémie a les mêmes convictions, mais elles se traduisent davantage par des actes : il a créé une Amap[7] avec d'autres amis du quartier, il trie ses déchets et pense à s'inscrire sur les listes communales lors des prochaines élections pour défendre les enjeux qui le préoccupent. L'idée n'est pas de faire l'apologie de l'un ou l'autre comportement, mais de montrer que,

5. André Comte-Sponville, *Le Bonheur désespérément*, Paris, Librio, 2002.
6. *Ibid.*
7. Association pour le maintien d'une agriculture paysanne.

dans le cas de Jérémie, des actions concrètes menées au quotidien contribuent à le faire se sentir acteur, ce qui le rend moins frustré et plus engagé.

Grâce à la lucidité, nous sommes en mesure de réaliser qu'entretenir un mode de pensée nous laissant croire que le bonheur dépend exclusivement de circonstances extérieures est le meilleur moyen de ne pas l'atteindre. Dès lors, la lucidité ne consiste pas à ne pas vouloir changer les choses, mais revient à cesser de se raconter des histoires et à agir de manière juste pour changer ce qui peut l'être.

Agir avec lucidité

La lucidité nous fait percevoir la réussite comme un cadeau et non comme un dû. Bien sûr, nous avons tous envie que notre vie se passe bien, que nos amours durent, que notre activité professionnelle soit épanouissante et que nos enfants réussissent à l'école. Mais en cessant de prendre ces données pour des finalités, l'action remplace l'espoir dans nos vies et nous pouvons nous centrer sur les démarches à mettre en place pour construire un contexte aussi proche que possible de nos valeurs. L'action lucide est celle qui n'attend pas de résultat. Elle est en elle-même sa propre récompense. Nous occuper de nos enfants parce que c'est un acte que nous valorisons, être équitable dans notre manière de gérer notre équipe parce que cette valeur nous importe, mettre plus d'énergie dans ce projet de nos collègues parce que nous y croyons.

La Bhagavad-Gîtâ est un poème sacré qui fait partie du Mahâbhârata, un grand recueil épique du nord de l'Inde écrit entre le Ve et le Ier siècles avant J.-C. Le poème s'ouvre sur le combat de deux immenses armées, celles des Pandavas et des Kauravas, peuples cousins mais rivaux pour le trône. Le plus glorieux de ces guerriers est le Pandava Arjuna, que l'on dit invincible et dont l'aurige est le dieu Krishna lui-même. Au moment où Arjuna va souffler dans la conque pour annoncer le début des combats, il se désole à la pensée que la bataille fera beaucoup de morts parmi ses proches, oncles, cousins dans le camp opposé. Il se tourne alors vers Krishna qui suspend le temps et lui donne ses conseils. Il lui dit notamment : « Tu as droit à l'action, mais seulement à l'action et jamais à ses fruits. Que les fruits de ton action ne soient jamais ton mobile. »

La lucidité est une clef pour comprendre que le résultat de nos actions ne dépend pas entièrement de nous. Nos valeurs agissent comme un cap, une direction, mais aucun résultat n'étant garanti, il est capital d'apprécier le chemin. Quand nos actions sont en cohérence avec nos valeurs, elles deviennent leur propre récompense. Nous pouvons alors faire de notre mieux à chaque moment, libéré du poids de l'attente des résultats. N'est-ce pas ce que suggère Spinoza quand il dit que le bonheur est peut-être moins dans la récompense qu'on reçoit que dans l'action qu'on accomplit ? « Le bonheur, explique André Comte-

Sponville, n'est pas quelque chose que l'on puisse posséder, trouver, atteindre, et c'est pourquoi, en un sens, il n'y a pas de bonheur : le bonheur n'est pas de l'ordre d'un “il y a”. Ce n'est pas une chose, ce n'est pas un étant, ce n'est pas un état, c'est un acte[8]. »

> Marie-Christine, récemment séparée de son mari, explique : « Pendant longtemps, j'ai cru que ma vie commencerait vraiment quand toutes mes difficultés seraient réglées. Quand nous n'aurions plus de différends, que les enfants seraient plus grands, que la maison serait payée, qu'il aurait enfin changé de travail... Ce serait enfin la vraie vie ! Je scrutais cet horizon, mais il y avait toujours un obstacle sur le chemin, un problème qu'il fallait résoudre, une période difficile à passer, un emprunt à rembourser. Jusqu'à ce que je me rende compte (peut-être un peu tard) qu'il n'y avait pas d'après, pas de ciel bleu azur qui nous attendait ailleurs et que ce que je voyais comme une suite d'obstacles était justement ma vie. »

Par la conscience que les douleurs sont indissociables du fait même d'être en vie, la lucidité nous conduit à vivre en prenant des risques : celui d'aimer, de s'engager, d'échouer. Elle n'est aucunement un gage de réussite et ne garantit rien. Elle permet juste, mais c'est déjà beaucoup, de savourer sa vie plus pleinement quand c'est possible. De nous lancer avec fougue dans nos projets, moins dans l'attente d'un résultat que pour l'engagement en lui-même. La joie n'est plus la récompense d'une réussite qui ne dépend

8. Cet extrait vient de l'entrée « Bonheur » dans l'*Encyclopaedia universalis*.

pas de nous, mais le fruit de la cohérence entre nos actions et ce qui est important pour nous. Vivre plus pleinement, aimer et agir, quelle que soit la couleur du ciel.

« La vie est un cadeau », raconte Magda Hollander Lafon dans un entretien sur son expérience dans l'indicible horreur des camps de la mort. « Lorsque nous accueillons la mort comme une réalité, nous devenons alors créateurs de vie. Le camp est un quotidien de peur, mais quand nous n'avons plus peur de la mort, nous inventons la vie à chaque instant[9]. » Il s'agit bien sûr là d'une lucidité extrême, mais ce témoignage souligne à quel point cette acceptation radicale de ce qui est n'équivaut pas à de la résignation. C'est en fait tout sauf cela.

Habiter au cœur de soi

J'ai rencontré Marthe dans une petite ville du sud de l'Inde. Elle m'a raconté qu'à quelques années de l'âge de la retraite, elle s'était retrouvée à la rue après une rupture difficile, avec juste le RSA[10] pour survivre. « Des amis m'ont hébergée, m'a-t-elle raconté, mais je craignais d'être un poids pour eux. Du coup, je passais mon temps dans les endroits publics, musées, bibliothèques et autres squares en rentrant tard afin de les déranger le moins possible.

9. Entretien accordé au site www.bonnenouvelle.ch en novembre 2012.

10. RSA : Revenu de solidarité active. Il s'agit de l'allocation qui vise à remplacer les minima sociaux existants (comme le RMI et l'API).

Paradoxalement, le fait de ne pas avoir de chez-moi m'a appris à habiter à l'intérieur de moi, ce que j'avais négligé durant toutes ces années où je cherchais à l'extérieur, sans jamais les trouver, le calme et la sécurité. À fréquenter mes angoisses et ma peur, j'ai découvert à l'intérieur de moi une grande sécurité et le calme. Cette crise dans ma vie a été drôlement salutaire, car j'ai compris qu'il n'y avait aucun moyen de contrôler le monde. Ma vie a complètement changé, car toute peur m'a abandonnée. J'ai par la suite retrouvé un logement et ma retraite m'apporte quelques ressources. Alors que je vivais malheureuse dans plus de 100 m^2, mon studio de 36 m^2 me semble aujourd'hui un vrai palace. Mon bonheur ne dépend plus de ce que j'ai, je sais que l'on n'est, au final, propriétaire de rien. Je savoure la chance que j'ai de pouvoir manger à ma faim, d'offrir à l'occasion un verre à mes amis et même de voyager. J'ai enfin appris à savourer toutes les cerises sur le gâteau de la vie. »

Être lucide, c'est donc aussi se rappeler que notre vie aurait pu être différente. Nous sommes doté d'extraordinaires capacités d'adaptation, utiles dans les circonstances tant plaisantes que déplaisantes de la vie. Nos systèmes émotionnels aiment la nouveauté, mais dès lors nous font nous habituer beaucoup plus rapidement aux circonstances positives qu'aux négatives. Ce qui explique que nous prenons si vite le bonheur pour acquis.

Je me souviens de Zoé, à un stage, qui avait laissé ses deux enfants à son mari pour la durée du séjour.

Aux autres filles du groupe qui soulignaient la chance qu'elle avait d'avoir un conjoint qui l'avait laissée partir si longtemps et qui, en plus, s'occupait des enfants, elle avait répondu avec une pointe d'énervement qu'elle trouvait que c'était tout à fait normal et qu'elle n'allait quand même pas le remercier pour cela. Le dernier jour, elle a eu une très belle intervention où elle est revenue sur sa réaction initiale. « J'apprécie vraiment la chance et le bonheur que j'ai, car cela aurait pu être autrement. »

C'est de cela que parle ce poème[11] de Jane Kenyon, une auteure américaine :

Je suis sortie de mon lit
sur deux jambes solides.
Cela aurait pu être
autrement.
J'ai mangé
des céréales, une pêche mure, sans défauts.
Cela aurait pu être
autrement.
J'ai promené mon chien sur la colline
dans la forêt de bouleau.
Toute la matinée j'ai fait
le travail que j'aime.

À midi je me suis allongée
avec mon compagnon.
Cela aurait pu être
autrement.
Nous avons dîné ensemble
sur une table avec des

11. « Autrement », extrait de *Otherwise*, St Paul, Graywolf Press, 1996.

chandeliers d'argent.
Cela aurait pu être
autrement.
J'ai dormi dans un lit
dans une chambre
aux murs décorés
de peintures, et
ai rêvé d'une autre journée
identique à celle-ci.
Mais un jour, je sais,
que cela sera autrement.

La lucidité nous ouvre enfin à la gratitude, cette émotion qui facilite le fait de savourer plus pleinement nos expériences de vie favorables. La recherche a montré depuis longtemps qu'elle augmente le sentiment de bien-être et même, par exemple, la qualité du sommeil[12]. Mais loin de favoriser uniquement une jouissance égoïste, la gratitude nous tourne vers les autres et favorise ainsi les comportements prosociaux. Dans une étude du professeur Adam Grant de l'université de Pennsylvanie[13], des sujets étaient payés pour donner du feed-back sur un document de travail et l'envoyer à l'expérimentateur. Celui-ci leur demandait ensuite de l'aider pour une tâche supplémentaire. Dans un des groupes, les participants recevaient un commentaire neutre (« J'ai bien reçu votre travail »), dans l'autre une expression de gratitude (« J'ai bien reçu votre travail, merci beaucoup. Je me sens plein de gratitude pour votre aide »). Les participants qui

12. Wood, 2009 et 2010.
13. Grant & Gino, 2010.

avaient été remerciés étaient beaucoup plus susceptibles d'effectuer la tâche supplémentaire. La gratitude nous motive à aider les autres, même si cela nous coûte du temps ou de l'énergie[14].

L'idéalisation pousse à faire des comparaisons entre ce que nous avons et ce que nous aimerions avoir, entre ce que les autres ont et ce que nous n'avons pas. En cela, elle mène à la frustration et à l'envie. Au contraire, la gratitude est le sentiment positif de reconnaissance pour notre situation actuelle. Étant moins soumises à la comparaison, les personnes qui sont dotées d'un haut niveau de gratitude sont aussi plus facilement heureuses de la chance et des qualités d'autrui[15]. Le sentiment de gratitude est très différent de la « pensée positive ». Il ne consiste pas à inviter et à essayer d'attirer magiquement le positif sur sa vie mais à décider de tourner son regard sur les aspects favorables de notre expérience du moment. La lucidité nous donne le choix de nous tourner réalistement vers le positif, comme une décision en prise avec la réalité et non un refus du monde tel qu'il se présente à nous.

Pour prendre la mesure de la capacité d'émerveillement d'un être humain, observez les enfants qui vous entourent. Rafael, mon petit neveu de trois ans, est fasciné par le monde : un brin d'herbe, la promenade d'un insecte, la forme d'un nuage, les grimaces de son père. Une promenade dans la forêt

14. Bartlett & DeSteno, 2006.
15. Shankland, 2012.

à ses côtés dure une éternité, tant il veut découvrir et toucher.

Patricia, cette amie disparue dont je vous ai déjà parlé, incarnait jusqu'à ses dernières heures, et avec une force inouïe, cette lucidité. Passant d'essai clinique en traitement expérimental dans une situation où elle contrôlait tellement peu de choses, elle était capable de merveilleusement s'ouvrir aux petits bonheurs de sa vie. Au printemps de l'année passée, dans un moment où elle avait reçu de nombreuses marques d'affection, elle écrivait : « Je continue à recevoir tellement d'expressions de soutien. Je suis comme le potentiel d'un bourgeon. Ce bourgeon est une partie d'une branche, et cette branche est une partie d'un arbre... Je me sens comme ce bourgeon aujourd'hui et regardez toutes ces petites pousses... C'est vous tous. »

De la lucidité à la liberté

Toutes les solutions dont il est question dans la première partie de cet ouvrage partagent la caractéristique de n'être que des illusions, qu'il s'agisse de l'obsession d'un « bonheur plaisir », d'une vie sans inconfort ou du contrôle de nos pensées, ou que l'on s'oublie dans la poursuite de l'estime de soi ou dans un nombrilisme réducteur. Les alternatives choisies ont en commun la désillusion, une conscience élargie, qui participe d'une joyeuse lucidité : tolérer nos états d'âme même lorsqu'ils sont inconfortables, ne pas prendre nos pensées trop au sérieux, accepter notre fragilité avec douceur et élargir notre conception de nous-même. Notre existence s'envisage alors davantage comme une expérience à vivre que comme un problème à résoudre. Ce qui nous donne la possibilité d'agir et de vivre pour mieux aimer.

Agir avec tolérance sans perdre toute notre énergie dans une lutte vaine pour ne plus souffrir ;

Agir avec détachement sans toujours croire ce que notre tête nous raconte ;

Agir en ayant conscience de notre fragilité en se regardant avec douceur et en s'affranchissant du regard des autres ;

Agir en oubliant son moi pour une présence plus large aux autres et au monde ;

Agir de manière lucide sans être attaché aux conséquences de nos actions ;

Vivre avec tolérance pour la sérénité de l'acceptation ;

Vivre de manière détachée pour la paix du mental ;

Vivre dans la douceur d'un rapport apaisé à soi ;

Vivre en s'oubliant pour se découvrir relié plutôt que séparé du tout ;

Enfin, vivre de manière lucide pour s'ouvrir à l'amour et à la joie de ce qui est.

C'est à ces conditions que nous pourrons conquérir une nouvelle forme de liberté. La liberté de ne plus attendre de nous sentir bien, d'avoir confiance en nous, de penser positivement ou d'être « quelqu'un » pour enfin vivre. Alors le bonheur n'est plus un objectif, un idéal ou un dû, mais une manière de cheminer. Chaque petit moment heureux est désormais vécu comme une grâce, comme un cadeau. Un cadeau à vivre, à partager. À savourer pleinement, car nous savons qu'il ne durera pas. Vécu pleinement, chacun de ces moments a un vrai goût d'éternité.

Note de l'auteur

Fondements théoriques et scientifiques

Le choix des références auxquelles renvoie cet ouvrage est forcément subjectif : il a vocation à illustrer et défendre mon propos et n'est donc pas exhaustif. Les recherches scientifiques sont faites pour être remises en question, mais elles me semblent néanmoins très utiles pour valider ou questionner des intuitions cliniques ou théoriques.

Aux niveaux conceptuel et clinique, les théories développées font plus particulièrement référence à un courant scientifiquement validé en thérapie comportementale que l'on appelle la « troisième vague[1] ».

Ce courant se distingue par l'attention qu'il porte aux émotions, aux processus de changement et au contexte. Les difficultés que nous vivons sont davantage envisagées comme le résultat d'une relation de contexte qu'un trouble à éradiquer. Ces approches ciblent donc plutôt le contexte et la fonction des

1. Voir l'ouvrage que j'ai coordonné à ce sujet avec mon collègue et ami Alexandre Heeren, *Pleine Conscience et Acceptation, les thérapies de la troisième vague*.

événements psychologiques (modes de pensées, émotions) que leur contenu, validité ou fréquence. Les processus de changement deviennent dès lors un point plus central que la symptomatologie. Les approches dites de troisième vague sont centrées sur l'observation, la reconnaissance, l'exploration et le non-jugement de nos expériences. Le changement que l'on cherche à produire ne se situe plus au niveau du contenu du « problème » (souvenirs, émotions difficiles, etc.) de la personne mais au niveau de la relation que cette dernière entretient avec le problème (croire ou pas à nos pensées, éviter ou accepter nos émotions...). Parmi les approches les plus connues, citons la thérapie dialectique comportementale[2], la psychothérapie fonctionnelle analytique[3], la thérapie comportementale intégrative de couple[4], les approches basées sur la pleine conscience dont Christophe André est un des pionniers en France[5] ou la thérapie d'acceptation et d'engagement[6]. Je me suis plus particulièrement fondé sur la littérature scientifique de cette dernière approche[7].

2. « Dialectical Behavior Therapy », *DBT* ; Linehan, 1993.

3. « Functional Analytic Psychotherapy », *FAP* ; Kohlenberg & Tsai, 1991.

4. « Integrative Behavioral Couples Therapy », *IBCT* ; Jacobson, Christensen, Prince, Cordova, & Eldridge, 2000.

5. « Mindfulness Based Cognitive Therapy », *MBCT* ; Segal, Williams, & Teasdale, 2002.

6. « Acceptance and Commitment Therapy », *ACT* ; Hayes, Strosahl, & Wilson, 1999.

7. Un ouvrage de référence étant celui de Steven Hayes, Kirk Strosahl et Kelly Wilson, *Acceptance and Commitment Therapy – An Experiential Approach to Behavior Change,* Guilford Press, 2004.

Postface

Au terme de la lecture rafraîchissante et ô combien instructive de cet *Éloge de la lucidité*, ceux qui aspirent à s'épanouir dans l'existence auront compris, grâce aux analyses perspicaces de notre ami Ilios Kotsou, qu'il importe de ne pas se laisser fasciner par le miroir aux alouettes d'un « bonheur en boîte », par les vaines promesses d'une félicité « facile, rapide et bon marché », par le fast-food de la « méditation 3G », et par l'épuisante poursuite d'une « euphorie perpétuelle » démystifiée par ailleurs par Pascal Bruckner. Personne ne se lève le matin en souhaitant souffrir toute la journée et, si possible, le restant de ses jours, mais sachez-le, si vous courez à la poursuite d'un bonheur « clé en main », vous lui tournez le dos et ne faites que nourrir obstinément les racines mêmes de vos souffrances.

La recherche de paradis artificiels mène le plus souvent aux enfers du désenchantement ou encore à la dangereuse illusion individualiste de se croire unique, hors d'une société que l'on rejette mais que, à sa manière, l'on fait si bien fonctionner. Mimer le bonheur ne fait que renforcer le mal-être. « Tout homme veut être heureux ; mais, pour parvenir à l'être, il faudrait commencer par savoir ce que c'est que le bonheur », écrivait Jean-Jacques Rousseau.

Si tous les hommes cherchent, à leur façon, à éviter le malheur et à mener une existence dont ils estiment qu'elle vaut la peine d'être vécue, il y a loin de l'aspiration à la réalisation. Les moyens mêmes de pallier la souffrance servent souvent à l'alimenter. Comment cette tragique méprise peut-elle se produire ?

La première illusion consiste à chercher le bonheur comme s'il constituait une sorte d'entité autonome semblable au gros paquet-cadeau que les enfants attendent avec impatience à l'approche de Noël. Or le bonheur n'est pas une « chose », mais un processus dynamique, un fruit qui mûrit grâce à une myriade de causes et de conditions, un sentiment de plénitude et d'accomplissement qui émerge d'un ensemble de qualités dont certaines dépendent des conditions extérieures, tandis que d'autres résultent de vertus que nous avons – à des degrés divers – la faculté de cultiver : la liberté intérieure, la force d'âme, la bienveillance, ainsi qu'un ensemble de capacités, de ressources intérieures qui nous permettent de gérer les hauts et les bas de l'existence.

Il y a beaucoup de naïveté, en particulier, à s'imaginer que seules les conditions extérieures vont assurer notre bonheur. On pourrait s'attendre qu'une gloire ou une richesse soudaine exauce tous nos souhaits, mais il arrive le plus souvent que la satisfaction procurée par de tels événements soit de courte durée et n'augmente en rien notre bien-être. Une étude a montré par exemple que la majorité des gagnants à la loterie ont connu une période de jubilation à la suite de leur bonne fortune, mais qu'un an plus tard ils étaient retombés à leur degré de satisfaction habituel, voire plus bas.

Une deuxième illusion est la promotion de l'estime de soi, phénomène à la mode, mais toutes les études ont confirmé qu'elle est contre-productive lorsqu'elle ne vise pas seulement à donner confiance en soi, ce qui est une excellente chose, mais à fabriquer une image déformée de soi-même. Ilios le montre bien dans son ouvrage, faisant écho au psychologue Roy Baumeister, auteur de la synthèse la plus complète des recherches portant sur l'estime de soi, qui conclut : « Il est très douteux que quelques bienfaits minimes justifient tous les efforts et les dépenses que les écoles, les parents et les thérapeutes ont investis dans la promotion de l'estime de soi[1]. » Il suggère plutôt de se concentrer sur la maîtrise de soi. Les recherches montrent en effet que les étudiants qui ont un meilleur contrôle d'eux-mêmes ont de plus grandes chances de terminer leurs études et risquent moins d'abuser de l'alcool et de drogues ou, pour les jeunes filles, de tomber enceintes pendant l'adolescence.

Une « bonne » et saine estime de soi est certes indispensable pour s'épanouir dans l'existence, la dévalorisation maladive de soi pouvant entraîner des

1. R. Baumeister, « The Lowdown on high self-esteem. Thinking you're hot stuff isn't the promised cure-all », *Los Angeles Time*, 25 janvier 2005.

troubles psychologiques graves et de grandes souffrances. Une saine estime de soi facilite la résilience et nous permet de conserver notre force intérieure et notre sérénité face aux événements de vie adverses. Elle permet également de reconnaître et de tolérer nos imperfections et limitations sans pour autant se sentir diminué. À l'opposé, une estime de soi construite sur un ego boursouflé ne peut procurer qu'une confiance factice et fragile.

Les recherches de Kristin Neff et de Paul Gilbert, dont Ilios fait état, ont clairement mis en évidence les différences entre *estime de soi* et *compassion pour soi-même*. À la différence de l'estime de soi, l'augmentation de la compassion pour soi-même ne s'accompagne pas d'une augmentation du narcissisme, mais d'une acceptation sereine de nos propres faiblesses et défaillances, acceptation qui nous préserve de la tentation de nous reprocher ce que nous sommes, sans pour autant être synonyme de résignation.

Cette compassion pour soi-même peut ensuite servir de fondation et de catalyseur pour étendre cette compassion à tous ceux qui souffrent. Comme l'écrit Christophe André : « Pourquoi ajouter soi-même aux souffrances que la vie nous apporte ? La compassion, c'est vouloir le bien de *tous* les humains, soi compris[2]. »

La troisième illusion consiste à confondre plaisir et bonheur. Le plaisir est directement causé par des stimuli agréables d'ordre sensoriel, esthétique ou intellectuel. L'expérience évanescente du plaisir

2. C. André, *Les États d'âme*, Paris, Odile Jacob, 2009, p. 353.

dépend des circonstances, des lieux ainsi que de moments privilégiés. Sa nature est instable et la sensation qu'il inspire peut vite devenir neutre ou désagréable. De fait, s'imaginer que le bonheur serait une succession ininterrompue de sensations plaisantes ressemble davantage à une recette pour l'épuisement qu'à l'émergence d'un bonheur véritable. Les plaisirs sont certes agréables, mais ils ne sont pas le bonheur.

Le plaisir n'est donc pas pour autant l'ennemi du bonheur. Tout dépend de la manière dont il est vécu. S'il entrave la liberté intérieure, il fait obstacle au bonheur ; vécu avec une parfaite liberté intérieure, il l'orne sans l'obscurcir. Une expérience sensorielle agréable, qu'elle soit visuelle, auditive, tactile, olfactive ou gustative n'ira à l'encontre de la paix intérieure que si elle est teintée d'attachement et engendre la soif et la dépendance. Le plaisir devient suspect dès qu'il engendre le besoin insatiable de sa répétition.

À l'inverse du plaisir, un véritable sentiment de plénitude naît de l'intérieur. S'il peut être influencé par les circonstances, il n'y est pas soumis. Loin de se transformer en son contraire, il perdure et croît à mesure qu'on l'éprouve. Il s'agit plutôt là d'une manière d'être, d'un équilibre issu d'une compréhension perspicace du fonctionnement de l'esprit.

Dans le bouddhisme, le terme *soukha* désigne un état de bien-être qui naît d'un esprit exceptionnellement sain et serein. C'est une qualité qui sous-tend et imprègne chaque expérience, chaque comportement, qui embrasse toutes les joies et toutes les peines. C'est aussi un état de sagesse, affranchie des poisons mentaux, et de connaissance, libre d'aveuglement sur la nature véritable des choses. *Soukha* est étroitement lié à la compréhension de la manière dont fonctionne notre esprit et dépend de notre façon d'interpréter le monde, car, s'il est difficile de changer ce dernier, il est en revanche possible de transformer la manière de le percevoir.

Changer notre vision du monde n'implique pas un optimisme naïf, pas plus qu'une euphorie artificielle destinée à compenser l'adversité. Tant que l'insatisfaction et la frustration issues de la confusion qui règne en notre esprit seront notre lot quotidien, se répéter à longueur de temps : « Je suis heureux ! » est un exercice aussi futile que repeindre un mur qui s'écroule. La recherche du bonheur ne consiste pas à voir la « vie en rose », ni à s'aveugler sur les souffrances et les imperfections du monde.

Le bonheur n'est pas non plus un état d'exaltation que l'on doit perpétuer à tout prix, mais l'élimination de toxines mentales comme la haine et l'obsession, qui empoisonnent littéralement l'esprit. Pour cela, il faut acquérir une meilleure connaissance de la façon dont fonctionne ce dernier et une perception plus juste de la réalité.

En résumé, *soukha* est l'état de plénitude durable qui se manifeste quand on s'est libéré de l'aveuglement mental et des émotions conflictuelles. C'est aussi la sagesse qui permet de percevoir le monde tel qu'il est, sans voiles ni déformations. C'est enfin la joie de la bonté aimante qui rayonne vers les autres.

Le livre d'Ilios Kotsou nous enseigne ainsi comment ne pas perdre notre temps à tenter en vain d'attraper l'arc-en-ciel insaisissable d'un bonheur sur mesure, centré sur le sentiment exacerbé de l'importance de soi, sur nos moindres sensations de plaisir et de déplaisir, sur un hédonisme emporté par le tourbillon de nos espoirs et de nos craintes. Mieux vaut la lucidité d'une sagesse sereine et d'une liberté intérieure qui s'ouvre spontanément à autrui.

Matthieu Ricard

Bibliographie

Andrews, F. M. (1991), *Measures of Personality and Social Psychological Attitudes*, Gulf Professional Publishing.

Baumeister, R. F., Campbell, J. D., Krueger, J. I., & Vohs, K. D. (2003), « Does high self-esteem cause better performance, interpersonal success, happiness, or healthier lifestyles ? », *Psychological Science in the Public Interest*, *4*(1), 1-44. doi:10.1111/1529-1006.01431

Bergman, S. M., Fearrington, M. E., Davenport, S. W., & Bergman, J. Z. (2011), « Millennials, narcissism, and social networking : What narcissists do on social networking sites and why », *Personality and Individual Differences*, *50*(5), 706-711. doi:10.1016/j.paid.2010.12.022

Brunell, A. B., Staats, S., Barden, J., & Hupp, J. M. (2011), « Narcissism and academic dishonesty : The exhibitionism dimension and the lack of guilt », *Personality and Individual Differences*, *50*(3), 323-328. doi:10.1016/j.paid.2010.10.006

Butler, E. A., Egloff, B., Wilhelm, F. H., Smith, N. C., Erickson, E. A., & Gross, J. J. (2003), « The social consequences of expressive suppression », *Emotion* (Washington, D.C.), *3*(1), 48-67.

Campbell, W. K., Bush, C. P., Brunell, A. B., & Shelton, J. (2005), « Understanding the social costs of narcissism : The case of tragedy of the commons », *Personality and Social Psychology Bulletin, 31*(10), 1358-1368.

Carpenter, C. J. (2012), « Narcissism on Facebook : Self-promotional and anti-social behavior », *Personality and individual differences*, *52*(4), 482–486.

Cosmides, L., & Tooby, J. (2000), « Evolutionary psychology and the emotions », *Handbook of Emotions*, *2*, 91-115.

Coyne, J. C., Stefanek, M., & Palmer, S. C. (2007), « Psychotherapy and survival in cancer : the conflict between hope and evidence », *Psychological bulletin*, *133*(3), 367-394. doi:10.1037/0033-2909.133.3.367.

Coyne, J. C., & Tennen, H. (2010), « Positive psychology in cancer care : bad science, exaggerated claims, and unproven medicine », *Annals of Behavioral Medicine*, *39*(1), 16-26. doi:10.1007/s12160-009-9154-z.

Damasio, A. (2010), *L'Erreur de Descartes : La raison des émotions,* Odile Jacob.

Dowrick, C., & Frances, A. (2013), « Medicalising unhappiness : New classification of depression risks more patients being but on drug treatment from which they will not benefit », *BMJ*, 347 (dec 097), f7140-f7140. doi:10.1136/bmj.f7140.

Eifert, G. H., & Heffner, M. (2003), « The effects of acceptance versus control contexts on avoidance of panic-related symptoms », *Journal of Behavior Therapy and Experimental Psychiatry*, *34*(3-4), 293-312. doi:10.1016/j.jbtep.2003.11.001

Eisenberger, N., Lieberman, M. & William, K. (2003), « Does rejection heart ? An FMRI study of social exclusion », *Science*, 302, 290-2. doi:10.1126/science.1089134.

English, T., John, O. P., Srivastava, S., & Gross, J. J. (2012), « Emotion regulation and peer-rated social functioning : A 4-year longitudinal study », *Journal of Research in Personality*, *46*(6), 780-784. doi:10.1016/j.jrp.2012.09.006.

Frances, A. (2013), *Saving Normal : An Insider's Revolt Against Out-of-Control Psychiatric Diagnosis, DSM-5, Big Pharma, and the Medicalization of Ordinary Life*, William Morrow.

Hamamura, T. (2012), « Are cultures becoming individualistic ? A cross-temporal comparison of individualism-collectivism in the United States and Japan », *Personality and Social Psychology Review*, *16*(1), 3-24. doi:10.1177/1088868311411587.

Hayes, S. C., Strosahl, K. D., & Wilson, K. G. (1999), *Acceptance and commitment therapy : An experiential approach to behavior change* (vol. XVI), Guilford Press.

Horwitz, A. V., & Wakefield, J. C. (2007), *The Loss of Sadness : How Psychiatry Transformed Normal Sorrow into Depressive Disorder* (1re éd.), Oxford University Press, USA.

Jacob, G. A., Ower, N., & Buchholz, A. (2013), « The role of experiential avoidance, psychopathology, and borderline personality features in experiencing positive emotions : a path analysis », *Journal of Behavior Therapy and Experimental Psychiatry*, *44*(1), 61-68. doi:10.1016/j.jbtep.2012.07.006.

Keltner, D., & Haidt, J. (2001), *Social Functions of Emotions*, T. Mayne & G. Bonanno (Eds.).

Kotsou, I., Heeren, A., & Wilson, K. G. (2011), *Pleine conscience et acceptation : les thérapies de la troisième vague*, De Boeck.

Lane, C. (2009), *Comment la psychiatrie et l'industrie pharmaceutique ont médicalisé nos émotions*, Flammarion.

Lord, C., Ross, L., & Lepper, M. (1979), « Biased assimilation and attitude polarization : the effects of prior theories on subsequently considered evidence », *Journal of Personality and Social Psychology*, *37*(11), 2098-2109.

N. S. Jacobson, A. C. (2000), « Integrative behavioral couple therapy : an acceptance-based, promising new treatment for couple discord », *Journal of Consulting and Clinical Psychology*, *68*(2), 351-5.

Najmi, S., Riemann, B. C., & Wegner, D. M. (2009), « Managing unwanted intrusive thoughts in obsessive-compulsive disorder : relative effectiveness of suppression, focused distraction, and acceptance », *Behaviour Research and Therapy*, *47*(6), 494-503. doi:10.1016/j.brat.2009.02.015.

Neff, K. D., & Germer, C. K. (2013), « A pilot study and randomized controlled trial of the mindful self-compassion program », *Journal of Clinical Psychology*, *69*(1), 28-44.

Oyserman, D., Coon, H. M., & Kemmelmeier, M (2002), « Rethinking individualism and collectivism : evaluation of theoretical assumptions and meta-analyses », *Psychological Bulletin*, *128*(1), 3-72.

Pond, R. S. Jr., Kashdan, T. B., DeWall, C. N., Savostyanova, A. A., Lambert, N. M. & Fincham, F. D. (2012), « Emotion differentiation moderates aggressive tendencies in angry people : A daily diary analysis », *Emotion*, 12, 326-337.

Reinhard, D. A., Konrath, S. H., Lopez, W. D., & Cameron, H. G. (2012), « Expensive egos : narcissistic males have higher cortisol », *PLoS ONE*, *7*(1), e30858. doi:10.1371/journal.pone.0030858.

Rittenberg, C. N. (1995), « Positive thinking : an unfair burden for cancer patients ? », *Supportive Care in Cancer : Official Journal of the Multinational Association of Supportive Care in Cancer*, *3*(1), 37-39.

Sassenberg, K., Moskowitz, G. B., Jacoby, J., & Hansen, N. (2007), « The carry-over effect of competition : the impact of competition on prejudice towards uninvolved outgroups », *Journal of Experimental Social Psychology*, *43*(4), 529-538. doi:10.1016/j.jesp.2006.05.009.

Schooler, J., Ariely, D. & Loewenstein, G. (2003), « The pursuit and assessment of happiness can be self-defeating » *in* J. Brocas and J. Carillo (Eds.), *Psychology and Economics*, vol. 1, 41-70, Oxford, GB : Oxford University Press.

Shallcross, A. J., Troy, A. S., Boland, M., & Mauss, I. B. (2010), « Let it be : accepting negative emotional experiences predicts decreased negative affect and depressive symptoms », *Behaviour Research and Therapy*, *48*(9), 921-929. doi:10.1016/j.brat.2010.05.025.

Stott, C., Hutchison, P., & Drury, J. (2001), « Hooligans abroad ? Inter-group dynamics, social identity and participation in collective "disorder" at the 1998 World Cup Finals », *British Journal of Social Psychology*, *40*(3), 359–384. doi:10.1348/014466601164876.

Szlemko, W. J., Benfield, J. A., Bell, P. A., Deffenbacher, J. L., & Troup, L. (2008), « Territorial markings as a predictor of driver aggression and road rage1 », *Journal of Applied Social Psychology*, *38*(6), 1664-1688. doi:10.1111/j.1559-1816.2008.00364.x

Tod, A., Warnock, C., & Allmark, P. (2011), « A critique of positive thinking for patients with cancer », *Nursing Standard (Royal College of Nursing (Great Britain)* : 1987), 25(39), 43-7.

Twenge, J. M., Campbell, W. K., & Gentile, B. (2012), « Increases in individualistic words and phrases in American books, 1960-2008 », *PLoS ONE*, *7*(7), e40181. doi:10.1371/journal.pone.0040181.

Van Oudenhoven, J. P., De Raad, B., Askevis-Leherpeux, F., Boski, P., Brunborg, G. S., Carmona, C., Woods, S. (2008), « Terms of abuse as expression and reinforcement of cultures », *International Journal of Intercultural Relations*, *32*(2), 174-185. doi:10.1016/j.ijintrel.2008.02.001.

Villatte, M., & Monestes, J.-L. (2010), «La théorie des cadres relationnels : la place du langage dans ma thérapie d'acceptation et d'engagement», *Revue québécoise de psychologie*, *31*(3), 85-104.

Wegner, D. M., Wenzlaff, R. M., & Kozak, M. (2004), «Dream rebound the return of suppressed thoughts in dreams», *Psychological Science*, *15*(4), 232-236. doi:10.1111/j.0963-7214.2004.00657.x.

Zettle, R., Hocker, T., Mick, K., Scofield, B., Petersen, C., Song, H., & Sudarijanto, R. (2010), «Differential strategies in coping with pain as a function of level of experiential avoidance», *The Psychological Record*, *55*(4). Consulté à l'adresse http://opensiuc.lib.siu.edu/tpr/vol55/iss4/1

Remerciements

Merci de tout cœur à l'équipe de Robert Laffont, et plus particulièrement à Nicole Lattès, qui a cru en ce projet et m'a encouragé et soutenu ; à Sylvie Delassus pour son enthousiasme et sa disponibilité, à Jeanne Boratav-Barzilaï pour sa patience, sa gentillesse et son accompagnement de qualité. Ma gratitude va à mon grand ami Ozan Aksoyek avec qui j'ai beaucoup échangé sur le sujet lors d'un très chouette périple en Inde. Merci à Matthieu Ricard et Christophe André pour leur soutien amical et l'inspiration que constituent leurs écrits et actions en faveur d'un monde plus humain. Je dois aussi beaucoup à Agnès Lesire, Merryl Havard, Natalia Résimont et Gaël Wittorski, qui ont généreusement et attentivement relu ces pages, et à Patrick Letangre et Annick Fillot qui ont, avec amitié, enrichi l'ouvrage de leur regard professionnel, merci à eux.

Les exemples et cas cliniques sont tirés d'histoires vraies, mais tous les prénoms ont été modifiés et le contexte changé, à part pour mon amie Patricia à qui ce livre est dédié. Merci aux participantes et participants à mes stages de me faire confiance pour les accompagner et de me confier leurs témoignages. Travailler à leurs côtés est une réelle source d'inspiration pour ma vie.

Ce livre doit aussi beaucoup à la recherche scientifique. Ne pouvant citer ici chaque auteur, c'est donc la communauté scientifique dans son ensemble que je remercie avec une intention particulière destinée aux professeurs Kelly Wilson et Steven Hayes pour leurs travaux sur l'acceptation.

Enfin, cet ouvrage n'aurait jamais vu le jour sans la gentillesse, les compétences et le soutien sans faille de ma compagne Caroline Lesire avec qui j'ai notamment partagé de joyeux et précieux moments dans le sud du Portugal lors de sa rédaction.

Table

La photocomposition de cet ouvrage
a été réalisée par
GRAPHIC HAINAUT
59163 Condé-sur-l'Escaut

Cet ouvrage a été imprimé
en avril 2014 par

CPI

FIRMIN-DIDOT

27650 Mesnil-sur-l'Estrée
N° d'édition : 53960/02
N° d'impression : 122753
Dépôt légal : février 2014

Imprimé en France